绿色金融：助力碳达峰、碳中和

杨涛　杜晓宇　主编

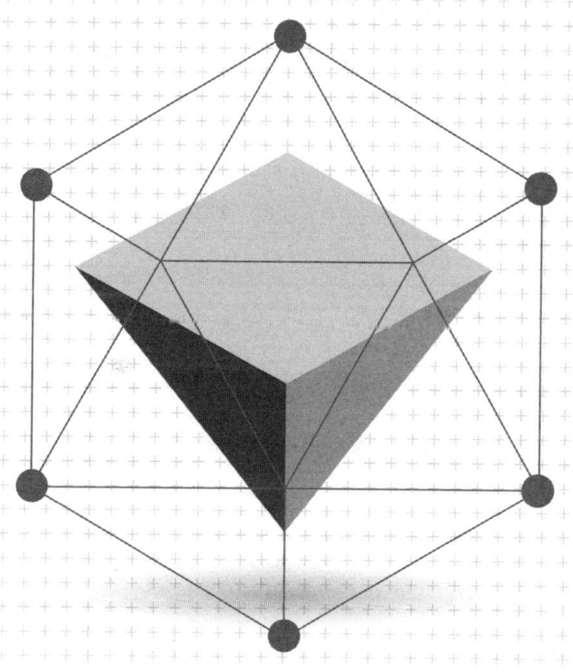

人民日报出版社
北　京

图书在版编目（CIP）数据

绿色金融：助力碳达峰、碳中和 / 杨涛，杜晓宇主编. -- 北京 ：
人民日报出版社，2021.9
ISBN 978-7-5115-7094-9

Ⅰ. ①绿… Ⅱ. ①杨… ②杜… Ⅲ. ①金融业—绿色经济—研究—
中国 Ⅳ. ①F832

中国版本图书馆CIP数据核字（2021）第144298号

书　　名：绿色金融：助力碳达峰、碳中和
　　　　　LÜSE JINRONG: ZHULI TANDAFENG、TANZHONGHE
主　　编：杨　涛　杜晓宇

出 版 人：刘华新
责任编辑：蒋菊平　徐　澜
版式设计：九章文化

出版发行：人民日报出版社
社　　址：北京金台西路2号
邮政编码：100733
发行热线：（010）65369527　65369512　65369509
邮购热线：（010）65369530　65363527
编辑热线：（010）65369528
网　　址：www.peopledailypress.com
经　　销：新华书店
印　　刷：大厂回族自治县彩虹印刷有限公司

开　　本：710mm × 1000mm　1/16
字　　数：158千字
印　　张：16.25
版次印次：2021年9月第1版　2022年3月第3次印刷

书　　号：ISBN 978-7-5115-7094-9
定　　价：46.00元

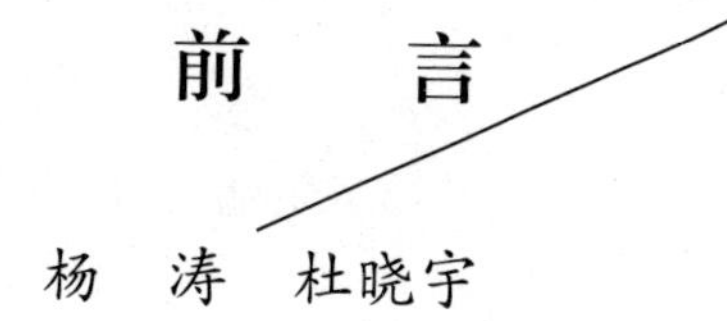

前 言

杨 涛 杜晓宇

以"碳中和"为目标重新思考绿色金融

当前，"碳中和"已成为一个全球性共同议题，各国都在努力实现"碳达峰"目标。在我国，2020年12月16日至18日的中央经济工作会议首次将其列入新一年重点任务。2021年4月30日的中共中央政治局会议，又再次强调，要有序推进碳达峰、碳中和工作，积极发展新能源。

应该说，所谓绿色金融，虽然对其含义存在不同认识，但其核心始终围绕环境保护和可持续发展。通常的观点包括：绿色金融是指金融部门将环境保护与资源节约作为目标，在相关政策配合下，将环境影响的潜在的回报、风险和成本作为重要的因素纳入投资决策和日常业务中，以此引导社会经济资源向保护环境、促进可持续发展的领域集聚的一种创新性的金融模式。

2016年8月，七部委联合发布《关于构建绿色金融体系的指导意见》，对我国建设绿色金融体系做了总体部署，其中指出，绿色金融是指“为支持环境改善、应对气候变化和资源节约高效利用的经济活动，即对环保、节能、清洁能源、绿色交通、绿色建筑等领域的项目投融资、项目运营、风险管理等所提供的金融服务”，而绿色金融体系则被定义为“通过绿色信贷、绿色债券、绿色股票指数和相关产品、绿色发展基金、绿色保险、碳金融等金融工具和相关政策支持经济向绿色化转型的制度安排”。

降碳、环保、可持续发展的绿色金融在我国发展迅速。据统计，截至2020年末，绿色贷款余额近12万亿元，存量规模居世界第一；绿色债券存量8132亿元，居世界第二。此外，按照央行的发展思路，一方面在努力拓展“三大功能”，包括金融支持绿色发展的资源配置、风险管理和市场定价三大功能；另一方面逐步完善“五大支柱”，包括完善绿色金融标准体系、强化金融机构监管和信息披露要求、逐步完善激励约束机制、丰富绿色金融产品和市场体系、拓展绿色金融国际合作空间。

就绿色金融的发展效果来看，供给端，绿色金融产品和服务更加多元、参与主体越来越多、制度规则不断完善；需求端则看到，绿色金融不仅与减少碳排放、减少污染等指标直接相关，而且有助于促进经济增长方式转变、能有效应对疫情，并且深入金融机构文化建设中。综合来看，绿色金融理念在新形势下已经成为国际合作的重要切入点和“多边共识”。

当然也需承认，我国“十四五”期间的绿色金融发展仍然面临挑战，如绿色金融的概念与内涵界定不够清晰、业务缺乏系统性的理论支撑、在发展路径上缺乏操作性强的政策与法律约束、配套中介服务体系不足、政策性与商业性金融支持边界不清等。

对此我们认为，在全面围绕碳中和推动经济金融变革的背景下，需要从以下六个视角重新认识绿色金融。

一是国际政治视角。日益严峻的气候危机是摆在全人类面前的一场大考，不仅对于经济社会影响深远，也是新形势下国际政治的共识“抓手”。实际上，全球已初步形成碳中和共识，截至2020年底，全球共有44个国家和经济体正式宣布了碳中和目标（包括已经实现目标、已写入政策文件、提出或完成立法程序的国家和地区）。我国在差异中寻求共同点，以绿色发展为抓手，积极响应碳减排号召，谋求多边发展，彰显大国责任与担当。因此，绿色金融发展的大局，离不开助力、服务、支持这一政治共识的总体原则。

二是社会与生态视角。对此，需进行多重目标的梳理与整合。如过去，曾经在此领域有非常多的理论概念，包括可持续发展、绿色发展、循环经济、节能减排等。现在，则需要从“碳中和”出发重新梳理与整合，看一下相关概念的逻辑关系，怎样才能将多重目标统一到新的发展思路中。再如，绿色金融支持碳中和，并不能只依赖“外力”约束，而应从社会与生态视角出发，最终要落到人文与文化共识层面，间接地对金融主体的行为产生内在道德制约。

三是经济视角。例如，必须要探讨在新目标下，银行信贷结构面向行业、产业、地区的调整，究竟带来怎样的影响，如何更有效地引导经济资源合理配置。再如，绿色金融与碳中和目标相配合，还需要考虑经济政策目标的优先次序问题，尤其对于就业、增长和稳定，需要充分权衡短期与中长期目标的协调，以及如何进行适度动态转换。

四是金融自身视角。需要思考三个方面的问题，包括：现有的金融体系如何更有效地支持与“碳中和”有关的经济活动；如何构建有效的碳金融市场，即本质上是把与碳市场有关的要素进行资本化和金融化；金融体系支持“碳中和”项目的风险控制，尤其是结构性冲击、产业风险等问题。特别需要关注的是，绿色金融体系的核心要素包括金融机构、金融产品、金融市场等，现有的“短板”可能更多体现在非银行金融机构服务和资本市场服务方面，如需要进一步探讨如何利用一级和二级资本市场，以及股权投资基金的作用。

五是机制设计视角。需要基于宏观、行业和微观等层面进行分析。宏观层面上，“碳中和”依然是传统理论的热点问题，在机制设计上需要将各方权利和义务进行有效匹配。行业层面上，完善绿色金融标准、金融监管、金融规则等，都是用外部变量来解决绿色金融活动中的治理机制矛盾。微观层面上，需要将“碳中和”目标分解，落实到具体的金融机构和企业中，实现真正的“激励相容”与机制约束。

六是技术视角。一方面是充分利用金融科技来解决现有绿色金融“成本高、效率低”问题，既提高服务效果，又能为金融机构开拓出新的“蓝海业务”。另一方面是全面分析数字经济与数字金融的“碳中和”问题。严格意义上说，并非所有的数字经济模式都是绿色、低碳、低能耗的，这对绿色金融产生了更复杂的影响。同时，伴随着加密数字货币、Defi等去中心化金融的发展，数字金融模式也衍生出更复杂的形态，其自身如何实现“碳中和”也是绕不开的问题。

总之，绿色金融的理论、政策与实践都在不断演进，既有越来越多的共识，也存在值得商榷的难点。本书聚集了政产学研等不同领域中对绿色金融颇有研究心得的专家，通过多元化的观点互补与碰撞，试图对绿色金融探索中的基础性、创新性、挑战性问题都有所分析，从而更好地把握新形势下的绿色金融发展趋势。

制度篇

学术篇

制度篇

银行和保险机构加强相关风险管理，积极应对气候变化挑战

叶燕斐
中国银保监会政策研究局一级巡视员

气候变化是有文明以来，人类所面临的最严峻、最紧迫、最持久的挑战。能否成功应对气候变化的挑战，关系人类命运和前途，关系人类的持续发展，关系到我们每一个人、每一个企业、每一个民族、每一个国家的切身利益，关系到每一片森林、每一块草地、每一处湿地湖泊海洋、每一个物种的盛衰。应对气候变化是每一个人、每一个企业、每一个民族、每一个国家的责任，是全球的共同责任。积极应对气候变化是推动构建人类命运共同体建设的重要内容。

金融是现代经济的核心。金融机构在动员社会资源和配置社会资源，引导和塑造产业结构，促进投资和消费等方面具有很大的影响力。银行和保险机构作为金融机构体系的重要组成部分在应对气候变化方面具有巨大潜力，负有重大责任，可以发挥重大作用。气候变化及其引发的一系列深刻持久的变化，将对银行和保险机构的资产质量带来重大挑战。应对气候变化，调整经营结构和经营方式，管理气候变化风险及由此引发的一系列风险，事关银行和保险机构的切身利益。

一、银行和保险机构必须深化对气候变化挑战的认识

气候变化是关系地球生态和人类命运的全球性挑战。大约20多万年前，人类的祖先——智人在东非诞生，之后逐渐出走，足迹遍布全球，开启了人类历史意义上的全球化。从此，地球生态从自然

演变转变在与人类有意和无意干预下的自然和非自然演变。森林的消失、洪水的泛滥、土地的沙漠化、物种的毁灭，是人类给地球生态演变打上的自然印记。工业文明的出现，伴随着人类生产能力和消费能力的指数型增长，人类对地球生态演变的干预影响也有了指数型的增长。人类活动所带来的气候变化让我们见证了极地冰山的融化，高原冰川的消退，日渐增多的极端天气，生物多样性的不断丧失。人类是地球之子，是地球持续演变的自然产物，人类的生存和繁衍与地球生态的支持息息相关，一刻也不能分离。人类的生存和发展需要一个良好的可持续的地球生态。气候变化正在不断损害这个人类赖以生存的唯一的地球生态。世界自然基金会的报告指出："在过去50年中，全球野生动植物数量减少了60%，由此导致的全球环境危机常被称为第六次物种大灭绝。"

气候变化是对人类命运的紧迫挑战。人类诞生以来，既不断从地球生态吸收它所需的营养，又不断向地球生态排泄种种污染物。地球生态以其巨大的包容力，容纳和很大程度上消化了人类对她的巨大伤害。但温室气体可能是唯一一个例外。由于地球的物理和生态特点，当温室气体排放时，它们不能被地球生态同步吸收，而是因地球引力的缘故不断累积在大气层。温室气体在大气层浓度的增加使光热难从地球生态圈逸出，形成温室效应，即气候变暖。气候变暖带来更多的极端天气，干旱和虫灾，带来和加重全球粮食危机。气候变暖带来海平面的上升，更多和更猛烈的海潮，损害我们日常生产和生活高度依赖的城市基础设施和我们自身的居住条件。

气候变化是对人类命运的持续的挑战。气候变化本源于温室气体的排放和累积。温室气体不断排放源自传统的以化石能源为基础的工业化生产方式。随着全球化的发展，在少数国家占统治地位的工业化生产方式和以此为基础的城镇化生活方式日益成为世界各国的主要生产生活方式。这与人类个体不断追求更加自由、更加富足、更加美好的生活愿望密切相关。例如，衣食住行是人们物质生活的主要内容。衣服不仅是简单的保暖的需要，更有审美和个性化的需要，这就驱动了人们对更多天然植物（如棉花）和人造纤维的需要，人造纤维的生产需要大量的化石能源的采掘、炼制和加工。食，最初主要满足人类个体的热量需要，随着人们生活水平的提高和健康意识的增强，人们在食品中会逐渐提高蛋白吸取量，这就需要饲养更多的动物和加工更多肉乳食品。住，哪一个家庭不希望有更大的房子呢？除了必备的卧室外，孩子需要游戏室，大人需要书房和健身房，客人需要客房，宠物需要专门的住处，汽车需要停车位。住的需求要靠大量的金属和非金属矿物的采掘、烧制和加工来支撑。行，“世界是美好的”，谁不希望多出去看看呢？这就需要汽车、火车、邮轮、飞机甚至火箭等现代交通工具，背后依靠的是高度发达的现代制造业。目前，完成工业化和城镇化的国家只有高收入国家，即经合组织国家。其总人口约10.7亿，工业化和城镇化历程走完约70%的国家是中国，人口约14亿。高收入国家人口与中国人口合计，约25亿人，不到全球人口（约76亿）的1/3。也就是说，世界上2/3的人口还在刚刚开始工业化、城镇化或其半途之中。如果没有革命性的产业、技术变化，今天的高收入国家以及中国的生产方式和生活方式就是未来其他发展中国家的生产方式和生活方式。谁也没有权利阻止这些国家和人民对美好生活的向往和追求。这意味着，未来还会有更多的温室气体排放，更多更快的气候升温和由此引起的一系列严峻挑战，目前面临的气候变化挑战刚刚开始。

应对气候变化是实现可持续发展的重要途径。“世界潮流，浩浩荡荡。顺之者昌，逆之者亡。”当今世界，矛盾重重，错综复杂。但究其根本，占这个世界大多数人口的发展中国家的发展不足是根本的矛盾。和平与发展仍是当今世界的主题。但是，发展中国家的发展不可能再简单重复走发达国家的路子，甚至也不可能简单复制中国的发展方式，必须在应对气候变化中走出发展的新路子。这样才能平衡好国别利益和全球利益，实现国别利益和全球利益的最大化。因此，发展不是简单的发展，而是可持续发展，只有实现可持续发展，才能从根本上解决当今世界的各种矛盾。所谓潮流，就是能不断地汇聚各方共识和力量，不停向前，越来越强大、越来越猛的势力，任何人都阻挡不了，不主动做“弄潮儿”，也会被裹挟进去。银行和保险机构应不断深化对可持续发展这一世界大潮的认识，从经营方式、经营内容、体制机制、人力建设等方方面面预做准备，及时调整，以顺应可持续发展潮流对银行和保险业的冲击和影响。

二、银行和保险机构在应对气候变化中具有巨大潜力，负有重大责任，可以发挥重大作用

银行和保险机构是撬动经济的杠杆的支点。阿基米德说，给他一个支点，他就能撬动整个地球。以此类比，如果我们要撬动经济，那么这个杠杆所需的支点就在银行和保险机构。银行和保险机构，一方面它们面对资金的借出人，另一方面它们面对资金的借入人。在面对货币资金借出人时，不管他们是“富商巨贾”还是“粜斗小民”，银行和保险机构都要通过创新的金融产品设计、动人的宣传、吸引人的利益，将“大江大河”的货币流与“涓涓细滴”的货币流汇聚到如“海洋”般巨大的银行账户中，形成巨大的货币资金池。就这个方面而言，银行和保险机构是社会资源的动员者、组织者和汇聚者。银行和保险机构在面对货币资金的借出人时，不管他们是“巨无霸”似的跨国企业或企业集团还是中小微企业、个体工商户、个体农户、个人消费者，都要精挑万选，仔细了解、详尽调查这些资金借入人的经营、业务、架构等情况，他们属于哪个行业，现在做什么，借钱做什么，靠什么还钱，等等。就这个方面而言，银行和保险机构是社会资源的配置者。它们通过货币资金的分配，决定了社会资源流向哪个领域、哪个行业、哪个（类）企业、哪个（类）

个人，因而在这个意义上讲，它们引导和一定程度上塑造了社会的生产方式、流通方式和生活方式，更具体的是投资结构、产业结构和消费结构。银行和保险机构以低资本、高杠杆方式吸收了社会上的货币资本并将其投放出去，承担了信用中介和流动性转换功能，承担了信用风险和流动风险以及其他各类风险。企业和个人则以较高的资本和较低的杠杆从银行和保险机构借入货币资本并将其投入投资、生产、流通和消费活动中。因此，在货币资金的借入借出过程中，是银行和保险机构杠杆乘企业和个人杠杆的倍数作用，并以此推动经济的不断循环、增长和扩大。

银行和保险机构不仅是货币资金的汇聚中心和循环中心，还是信息的汇集中心和加工中心。银行和保险机构通过为企业和个人办理结算、支付、汇兑，吸收存款或收到保费，代理现金管理，贷放资金或投资，保险赔付，提供财务咨询服务等，自然而然了解和掌握企业和个人的种种经济和行为信息。除了这些通过业务流程掌握的内部信息外，银行还可以通过联结征信中心、各类政府和公用事业信息平台、金融科技大数据平台，获取大量的外部信息。银行和保险机构掌握这些内外部信息，加以整合和分析，相当于掌握了国民经济运行的“簿计本”和“晴雨表”，既可以观察、分析和判断国内外经济、产业升级、行业变化、技术变革、国别和区域竞争、法律法规、货币政策、财税政策、产业政策等趋势性问题，又可以掌握企业和个人的经营、财务、行为及关联场景信息，从而为金融决策如资产配置、企业和个人信贷等提供信息支撑，降低资产组合和单个资产等所面临的金融风险。不仅如此，银行和保险机构依靠庞大的业务规模和广泛的地理经营范围，可以配备高质量的信息科技设施，低成本和高效率地处理各类信息。

银行和保险机构还是“知识精英”聚集的中心。据了解，哈佛、耶鲁、斯坦福等美国名校的毕业生，不管是学什么专业，有一半多就业流向了与投资、金融、咨询相关的领域。中国也不例外。银行和保险机构汇合和聚集了大量的“知识精英”，他们是“985”“211”“双一流”等著名高校的毕业生。他们在名校接受了我们这个时代最好的高等教育。作为这个时代的“知识精英”，他们有较广泛的知识、较强的学习兴趣和学习能力、较宽的视野，他们理应把个人的职业前途、机构的商业利益、机构的社会责任更好地统一起来。而应对气候变化，正是我们这个时代对银行和保险机构最为重要的社会责任要求。

银行和保险机构具有大量高薪酬的工作岗位。不管是在发达国家还是在中国，金融行业员工的平均薪酬都要高于社会平均水平。薪酬较高，意味着金融行业的员工，特别是其中的高级管理人员，不必为生计奔波操劳，可以考虑“诗和远方”。按照马克思的经济理论，金融行业并不创造价值和剩余价值，金融行业的利润分享于实体企业的利润，金融行业员工的薪酬分享于实体企业创造的价值。从这个意义上讲，金融企业实际上分享了社会成果，并代表社会为社会目的而动员和配置社会资源，因此，银行和保险机构没有理由不为应对气候变化这一当今时代的重大挑战做出自己的贡献。

三、应对气候变化与银行和保险机构自身利益紧密相关

银行和保险机构在应对气候变化中的表现关系到社会信任。银行和保险机构之所以能够以低资本、高杠杆的方式承受巨大的信用风险和流动性风险等各类风险，担负社会资源动员者、组织者和配置者的社会角色，从本质上讲，是基于社会和公众对银行和保险机构的信任。面对气候变化这一当今时代全球最重大也将是最持久的政治议题、经济议题和社会议题，面对中国共产党构划的蓝天、碧水、净土的美丽中国蓝图，银行和保险机构如果无所作为或不积极作为，是很难取得国内外公众的信任的。我国能源结构中，以煤为主的化石能源居于主导地位。我国的空气污染、水污染、土壤污染等局域性污染直接地或间接地与煤等化石能源的消耗相关。在中国，不断减少煤等化石能源的消耗，既是减少空气污染、水污染、土壤污染，实现美丽中国的需要，也是应对气候变化，履行国际责任的需要。银行和保险机构必须在这个方面积极作为，努力作为，取得社会和公众的信任和支持，形成与社会和公众的良性互动，履行社会责任，体现社会价值，也为实现机构自身的商业价值营造良好的社会氛围。

银行和保险机构在应对气候变化中的表现关系到投资者信任。当

今世界，环境、社会和治理（ESG）投资理念越来越受到全球和中国投资者的欢迎，越来越主流化。其中，应对气候变化是ESG投资中的重要考量内容。据了解，发达国家的机构投资者在资本市场投资时，都对被投资企业的ESG表现有不同程度的要求。有的是要求被投资企业必须达到最低的ESG门槛，有的是要求有公信力的第三方提供被投资企业的ESG评级，有的是直接挂钩ESG指数的基金，有的是以ESG评级作为投资标的的加权。随着中国经济越来越强大稳健和资本市场不断深化改革、扩大开放，海外投资者对中国资本市场的投资兴趣日益浓厚，配置金额日渐增多，其中银行和保险机构的股票是其重要的投资标的。海外机构投资者在投资中国时，也越来越关注中国上市公司的ESG表现。国内机构投资者对ESG的兴趣也日渐浓厚，各种形式的ESG指数基金已经出现，投资金额日益增大。银行和保险机构如果不在应对气候变化中积极作为，全面披露ESG相关信息，其自身的商业价值将很难在资本市场中得到充分的体现。

气候变化给经济带来的风险，一是物理风险，即气候变化所引发的一系列自然因素变化给经济产生的损害。如极端天气增多带来的风灾、水灾、旱灾对经济的不利影响。又如海平面上升对海上经济活动和沿海基础设施、不动产等产生的不利影响。二是转型风险，即经济主体为应对气候变化而改变经济行为或偏好给经济带来的风险。如为应对气候变化而实施的碳配额和交易、碳税等政策调整可能对高碳产业产生不利影响。又如为适应气候变化而实施的区域规划、城市规划等方面政策的调整对区域经济和城市经济带来的不利影响。再如为应对气候变化而引发的新能源和新能源车等行业的技术变革而对化石能源行业和燃油车行业带来的不利影响。还有，消费者气候变化意识的觉醒和增强，可能会减少对动物蛋白的需求从而对畜牧业和乳业产生不利影响，等等。这些气候变化风险对银行和保险机构的稳健运行带来重大挑战。一是全球经济或国别经济在应对气候变化中如果表现不力，造成经济潜力下降，经济增长下行甚至衰退，对银行和保险机构稳健运行产生巨大压力。二是在应对气候变化中经济结构发生重大变化，一些行业“搁浅”了，一些行业兴起了；一些国家或区域衰落了，一些国家或区域崛起了；一些市场主体竞争力下降了，一些市场主体竞争力提高了；一些资产价格持续下跌，一些资产价格持续上升。这些将对银行和保险机构稳健运行产生重大的结构性的影响。三是在应对气候变化中消费者和社区公众的气候变化意识日益增强，在应对气候变化中表现不好的银行和保险机构面临重大的声誉风险，如被消费者嫌弃，将对其零售业务产生重大不利影响。或者，银行和保险机构的公司客户实施的重大项目因污染或碳排放问题受到阻碍，而使银行和保险机构的授信或投资风险增多，其公司类或投行类业务将受到重大影响。这些风险从短期看，可能是潜伏的、不显著的，但从长期看，则是现实的、重大的和战略性的，银行和保险机构如不能够及早识别和预加防范，则有可能面临重大的实质风险。

银行和保险机构在全球应对气候变化进程中将面临重大机遇。一是应对气候变化相关产业将面临重大机遇。近年来，我国实体经济紧紧抓住应对气候变化带来的机遇，大力发展新能源、新能源汽车、轨道交通、绿色建材等战略新型产业，形成了全球有竞争优势的产业链，为银行和保险机构的授信与投资带来重大机遇。二是应对气候变化相关建设项目将面临重大机遇。近年来，为加强节能减排和适应气候变化，从中央到地方推出了一系列重大项目，如水利、水电、风电、光伏发电、储能、智能电网、碳捕捉、绿色建筑、建筑节能、智慧城市、低碳交通、生态修复等，为银行和保险机构的授信与投资带来重大机遇。三是应对气候变化相关前沿技术创新方面将面临重大机遇。目前，我国资本二级市场上创业板和科创板市场日趋活跃，三板精选层开始建立并交易，为资本一级市场上的股权投资通过资本二级市场退出打开了通道。围绕应对气候变化的前沿技术创新和交易内容十分丰富，给银行业和保险业机构依法合规开展股权投资带来重大机遇。四是在金融市场方面，我国全国性的碳金融市场已经基本建立，条件成熟时将开展交易。各类绿色债券发行和交易十分活跃，绿色信贷资产证券化潜力巨大，气候债券、蓝色债券开始探索，这一切都为银行和保险机构带来重大机遇。此外，与应对气候相关的并购重组、财务咨询等有很大潜力，也为银行和保险机构带来机遇。在保险领域，巨灾保险与再保险、农业保险与再保险、各种形式的环境责任保险与再保险，都为保险机构带来了机遇。更为重要的是，全球应对气候变化可能要持续到21世纪末，长远看，目前的商业机遇只是处于萌芽阶段，银行和保险机构如果不认真准备和及早着手，就有可能错失这一历史性的发展和转型机遇。

四、银行和保险机构必须加强与气候变化相关的风险管理

银行和保险机构应将应对气候变化作为战略性风险和战略性机遇，加强战略谋划和顶层设计。一是在机构的理念、宗旨、愿景等方面充分反映和体现积极应对气候变化，勇于承担社会责任的价值观。二是在战略规划的制定和战略目标的设定上，充分反映和体现全球应对气候变化对本行业和本机构的持续影响，明确本机构在减缓和适应气候变化中的贡献方式和贡献目标。三是在机构风险偏好的设计上，充分考虑气候变化风险及其引发的各类风险，明确合理的风险偏好内容和水平。四是在战略规划、战略目标、风险偏好的监督、考核、评价方面充分反映和体现应对气候变化的需要。五是在战略能力建设和战略资源配置上，充分反映和体现应对气候变化的需要。

银行和保险机构应将应对气候变化作为改善公司治理的重要一

环。公司治理的核心是平衡利益相关者的利益诉求。第一次世界大战前，发达国家公司治理的主要矛盾是平衡工人与资本家的利益，这一矛盾引发了猛烈的工人运动，最终通过工会的普遍建立（在德国还有代表职工利益的监事会的建立）和社会保障制度的普遍建立而得到有效解决。第二次世界大战前，随着资本市场的壮大和上市公司的增多，发达国家公司治理的主要矛盾是平衡大股东与中小股东的利益，防止大股东通过利益输送损害中小股东的利益。通过加强资本市场监管，这一矛盾得到有效解决。第二次世界大战直到20世纪80年代，由于资本市场投资者日益机构化，机构投资者缺乏主动干预公司经营的能力和意愿，发达国家公司治理的主要矛盾是平衡好股东与管理层的利益，防止内部人员控制并损害股东利益。通过加强董事会的监督和激励相容制度的设计，这一矛盾得到一定解决。20世纪80年代以后，随着消费者保护意识和社区公众环境保护意识的日益增强，发达国家公司治理的主要矛盾是平衡好公司利益与消费者和社区公众的利益。通过改善董事会结构，大幅增加非股权董事的比重和话语权、加强信息披露等，这一矛盾得到一定解决。与发达国家的公司治理相比，我国银行和保险机构的公司治理矛盾是多方面的，既有发达国家1.0和2.0版本的，也有发达国家3.0和4.0版本的。但毫无疑问，随着监管部门、投资者和社区公众、环境公益组织对环境问题的日益关注，应对气候变化作为环境问题的重要内容，应当在银行和保险机构的公司治理中得到充分重视。

银行和保险机构应建立健全与应对气候变化相关的具体管理制度、政策和流程。银行和保险机构应从应对气候变化的视角，从优势与弱势、风险与挑战等维度，全面审视和梳理本机构的管理制度、政策和流程，确保本机构的管理制度、政策和流程与本机构的价值观、愿景、战略规划、战略目标、风险偏好保持一致，充分反映和体现了应对气候变化的需要，在报告、检查、评价、责任、问责等方面具有可操作性。要特别考查，在授信或投资管理制度中，从客户筛选、评价、尽调、评审、贷/投后管理、合同文本等方面对客户在应对气候变化中的表现是否明确提出了有约束性的要求；资产配置管理制度中，配置的比例和结构是否反映了应对气候变化的需要；在资本、拨备/准备金、流动性、声誉等风险管理中，是否充分反映了气候变化可能产生的预期和不可预期损失及各种可能的冲击；在公共关系管理和信息披露管理制度中，是否反映了气候变化相关公益组织和其他利益相关者的诉求，并有合适的方式与这些利益相关者交流互动；在机构内部人力资源、财务资源、科技资源配置上，是否反映了应对气候变化的需要；等等。

银行和保险机构应加强与气候变化相关风险的识别、计量、缓释和控制。一是从产品、客户、项目、资产、运行等多维度深入分析和识别气候变化可能给银行和保险机构带来的各类风险。二是要深入了解气候变化作为重要的风险驱动因子给银行和保险机构带来的各类金融风险，如信用风险、市场风险（利率风险）、操作风险

（科技风险）、流动性风险、保费定价风险、声誉风险、法律风险等，以及其作用机理。三是要加强对高能耗行业、对化石能源高度依赖行业的客户和项目的重点分析。高能耗行业包括化学原料及化学制品制造业、非金属矿物制品业、黑色金属冶炼及压延加工业、有色金属冶炼及压延加工业、石油加工炼焦及核燃料加工业、电力热力的生产和供应业。对化石能源高度依赖的行业包括运输业、运输工具制造业等。此外，运行和维护会产生大量碳排放的资产如建筑、运输工具。四是在深入分析气候变化驱动带来金融风险的机理基础上，设定可能的发生情景，开展重点行业、重点客户乃至全部资产的情意分析和气候变化压力测试，并将测试结果应用于风险管理之中。五是在微观层面评价公司客户的财务表现时，引入适当的内部碳价，重新分析判断在碳排放外部效应内部化后，公司客户的财务表现如现金流、利润、回报率等，并在授信审批或投资决策时予以慎重考虑。

银行和保险机构应降低与气候变化相关的资产配置风险。银行和保险机构应从政策调整、技术变迁、产业盛衰、碳排放强度、能源效率、投资者偏好变化等多角度分析资产配置风险，降低与气候变化相关的集中度风险、市场风险等。要强化对气候变化相关项目的风险管理，对一些在全生命周期内碳排放多且社会争议较大的项目，要列为特别慎重的项目，从运营年限、碳排放政策、可替代低碳项目的竞争性等多方位进行分析判断，避免形成高碳“搁浅”资产。

对一些环境和社会风险突出的项目，银行和保险机构要探索建立申诉回应机制，在项目实施的全过程中与利益相关者良性互动，从源头上控制资产配置风险。

银行和保险机构应加强与气候变化相关的信息披露和国际合作。目前，我国的主要银行机构定期对其融资支持的节能环保项目进行环境效益测算，并在其社会责任报告上披露包括碳排放在内的各类环境减排效益，受到国内外利益相关者的欢迎。这些信息可以看作银行机构积极应对气候变化的“正面信息清单”。下一步，要在推动和形成社会共识的基础上，鼓励银行和保险机构收集并披露其融资支持的高排放企业的碳排放情况，即“负面信息清单”，更好回应利益相关者的关切。银行和保险机构应积极参加与气候变化相关的国际协议、声明、承诺的制定，努力成为创始成员。对与气候变化有关的已有的具有广泛公信力和影响力的相关国际协议、声明、承诺，银行和保险机构应积极承诺加入或采纳，并积极参加其中的活动，如各种形式的研讨会、论坛、报告撰写、电视采访等，努力提升我国银行和保险机构积极推动人类命运共同体建设和践行社会责任的国际形象。

银行和保险机构应加强与气候变化相关的能力建设。应对气候变化不是十年、二十年的事业，而是百年挑战、百年事业。银行和保险机构应从长远和全球发展视角，及早谋划和布局，强化气候变化意识的宣传和教育，加强与气候变化相关人才的引进和培育，加强与利益相关者的交流互动，加强与有公信力的第三方合作，为应对越来越严峻的气候变化的挑战做好充分的能力准备，不断提高应对气候变化的能力、实力。

绿色金融发展及“十四五”展望

人民银行研究局课题组

2016年是“十三五”规划起航之年，也是我国绿色金融发展史上具有里程碑意义的一年。当年8月，人民银行牵头印发《关于构建绿色金融体系的指导意见》，明确了绿色金融的发展方向和目标任务。我国成为全球首个制定绿色金融顶层设计的国家。9月，我国作为G20轮值主席国，首次将绿色金融纳入G20峰会议题，开启和推动了绿色金融国际主流化进程。自此，在坚持服务实体经济高质量发展与有效防范风险有机结合、坚持发挥政府完善制度环境职责与激发市场内生动能有机结合、坚持强化中央政府顶层设计职能与发挥地方政府自主创新有机结合、坚持立足国情彰显中国特色与引领参与制定国际规则有机结合“四个结合”总体思路的指导下，我国绿色金融发展驶入快车道。

2020年是“十三五”收官之际，新冠肺炎疫情全面暴发、迅速蔓延，国际贸易和全球产业链遭受沉重打击，国际经济陷入第二次世界大战以来最严重的衰退期，国际金融市场震荡剧烈。在此背景下，我国坚定走绿色低碳、可持续发展道路。2020年9月22日，习近平总书记郑重宣布“二氧化碳排放力争于2030年前达到峰值，努力争取2060年前实现碳中和”。我国经济社会发展面临的气候和环境约束进一步增强，但也面临绿色低碳发展的重大机遇，绿色金融以聚焦绿色低碳高质量发展为首要任务和根本遵循，迎来了新的发展高潮。

一、“十三五”期间我国绿色金融实现跨越式发展

经过五年的实践，我国绿色金融实现跨越式发展。对内，着力完善政策框架和标准体系，不断夯实绿色金融基础设施建设，努力促进绿色金融产品和市场创新，持续深化地方试点和国际合作。绿色金融在全社会范围内逐步实现从蓝图和理念到实践和行动的跨越，日益成为地方政府和市场主体的自发选择，作为“绿水青山”向“金山银山”转化的桥梁和加速器作用进一步凸显。对外，我国秉持大国责任感，积极以绿色金融发展助推人类命运共同体建设。目前，支撑绿色金融体系的“五大支柱”已基本形成。

一是绿色金融标准体系加快构建。绿色金融的关键不是事后“统计绿”，而是规则“引导绿”。2018年，人民银行牵头成立中国金融标准化技术委员会绿色金融标准工作组后，重点聚焦气候变化、污染治理和节能减排三大领域，遵循“国内统一、国际接轨”的原则，推动建立和完善跨领域、市场化、具有权威性且内嵌于金融机构全业务流程的绿色金融标准体系。截至2020年末，1项国际标准已获国际标准化组织可持续金融技术委员会（ISO/TC322）正式立项并完成国际专家组征求意见，1项国家标准经国家标准化管理委员会批准正式立项，2项行业标准正在准备报批稿，3项行业标准已提交送审，4项标准草案在绿色金融改革创新试验区先行先试。

二是信息披露要求和金融机构监管不断强化。监管部门不断推动金融机构、证券发行人、公共部门分类提升环境信息披露的强制性和规范性，着力提升绿色金融市场透明度。中英金融机构气候与环境信息披露试点工作不断推进，中方参与机构扩展至15家，试点经验已初步具备复制推广价值。组织金融机构和部分地区试点开展环境风险压力测试，探索将气候和环境相关风险纳入监管框架。

三是点面结合，激励约束机制逐步完善。在绿色信贷业绩评价基础上探索开展更加全面的绿色金融业绩评价，引导金融机构增加绿色资产配置，为货币政策应对气候变化预留了空间。环境执法信息主动采集机制逐步完善，加快推进“褒扬诚信、惩戒失信”的社会信用体系建设。绿色金融改革创新试验区积极创新财政支持和监管政策，加大绿色项目投入和精准施策力度，出台一系列政策推动绿色金融改革创新。截至2020年末，试验区绿色贷款余额达2368.33亿元，在全部贷款中的占比为15.14%，比全国平均水平高4.34个百分点。

四是绿色金融产品工具和市场体系不断丰富。绿色金融产品服务是直达实体经济、传递政策意图的最直接途径。通过鼓励产品创新、完善发行制度、规范交易流程、提升透明度，我国已形成包括绿色贷款、绿色债券、绿色保险、绿色基金、绿色信托、碳金融产品等的多层次绿色金融产品和市场体系，为绿色项目提供了多元化的融资渠道，服务绿色低碳发展的效率不断提升。截至2020年末，我国本外币绿色贷款余额达11.95万亿元，存量规模居全球第一；绿色债券存量规模达8132亿元，居世界第二。绿色金融资产质量整体良好，绿色贷款不良率远低于全国商业银行不良贷款率，绿色债券无违约案例。

五是绿色金融国际合作日益深化。积极利用各类多双边平台及合作机制推动绿色金融国际交往，提升国际社会对我国绿色金融政策、标准、产品、市场的认可和参与程度。例如，人民银行参与发起的央行与监管机构绿色金融网络（NGFS）规模已扩展至83家正式成员和13家观察机构。中国、欧盟等经济体共同发起可持续金融国际平台（IPSF），重点推动全球绿色金融标准趋同等工作。绿色金融持续成为中英、中法高级别财金对话和“一带一路”建设的重点议题。总体而言，我国在绿色金融领域拥有较强的国际话语权，有效引领了绿色金融国际主流化进程。

二、绿色金融任重道远

世界经济论坛发布的《2020年全球风险报告》指出，未来10年全球面临的前五大风险均与气候和环境相关，包括极端气候事件、气候变化缓和与调整措施的失败、人为环境破坏及灾难、生物多样性损失和主要自然灾害。为适应和减缓气候变化，加强污染防治，保护人类赖以生存的家园，各国纷纷出台政策措施。在欧洲，欧盟推出了欧洲有史以来规模最大的绿色经济刺激方案，其1.1万亿欧元中期预算提案和7500亿欧元欧洲复苏计划也都聚焦绿色发展和数字转型，对未来世界经济格局和产业体系调整将产生重大影响。在美国，应对气候变化政策发生重大转向，拜登政府执政伊始就带领美国重返《巴黎协定》。韩国推出千亿美元新政，通过大力发展数字经济和绿色经济应对新冠肺炎疫情冲击，并推动韩国经济转型升级，以更好地应对气候和环境挑战。截至2020年末，已有126个国家和地区正式宣布或正在考虑提出净零排放目标，温室气体排放量占全球总排放量的比重达51%。净零排放和碳中和目标是一场广泛而深刻的经济社会系统性变革，将深刻改变全球经济、产业和投资结构，现有金融体系也要顺应历史潮流进行绿色转型，为适应和减缓气候变化做出相应调整。

当前既是我国经济社会加快恢复发展的关键时期，又是“十四五”和全面建设社会主义现代化国家新征程的开局之年，主动探索新的绿色低碳发展道路，将碳达峰、碳中和纳入生态文明建设整体布局，引领后疫情时代世界经济健康发展方向，具有重大现实意义。短期来看，这是做好“六稳”工作、落实“六保”任务、有效抗击疫情的有效途径。同时，绿色复苏也有助于推动中国在可持续发展领域的国际合作，彰显负责任大国形象，提升我国在国际博弈中的主动权。中长期来看，这既是培育中国经济新增长点、增强经济发展韧性和可持续性、走向高质量现代化发展的内在要求，也是提高金融体系自身适应性、竞争力和普惠性，建设金融强国的必然选择。

三、“十四五”绿色金融重点工作任务

“十四五”是碳达峰的关键期、窗口期。做好金融支持绿色低碳高质量发展工作，是新时期新阶段党中央、国务院赋予金融体系的光荣使命和重要任务。金融部门要聚焦碳达峰、碳中和债券，继续做好绿色金融顶层设计和规划，重点发挥金融的三大支持功能。一是通过货币政策、信贷政策、监管政策、强制披露、绿色评级、行业自律和产品创新等，引导和撬动金融资源向低碳项目、绿色转型项目、碳捕捉与封存等绿色创新项目倾斜。二是通过气候和环境风险分析及压力测试、绿色和棕色资产风险权重调整等手段，增强金融体系管理和应对气候与环境风险的能力。三是加快推进碳排放权交易，发展碳期货等金融衍生品，通过交易形成合理的、市场化的碳价格。

为实现上述三个功能，持续提升金融体系支持经济复苏、绿色转型和控碳减排的能力，“十四五”时期，我国应围绕完善绿色金融五大支柱，重点做好以下几项工作。**第一，构建长效机制，完善金融支持绿色低碳转型的顶层设计，降低经济发展对高碳产业的路径依赖，实现经济可持续发展。**研究出台金融支持绿色低碳发展的专项政策，在“十四五”金融规划等顶层制度设计中就金融支持绿色

低碳发展和应对气候变化做出系统性安排。完善激励约束机制，健全审慎管理，逐步将气候变化相关风险纳入宏观审慎政策框架，推动金融机构开展风险评估和压力测试。充分发挥金融市场配置资源的决定性作用，有效抑制不顾资源环境承载能力、盲目追求增长的短期行为，推动高碳行业全面低碳转型，坚决遏制“两高”项目盲目发展，重点培育绿色建筑、绿色交通、可再生能源等绿色产业。加大金融对绿色技术研发推广、清洁生产、工业部门绿色和数字化转型的支持力度。逐步将绿色消费纳入绿色金融支持范围，推动形成绿色生活方式。

第二，完善政策标准，推动绿色金融自身高质量可持续发展。一是进一步丰富绿色金融政策工具箱。研究出台绿色金融条例等规范性文件。推动建立强制性、市场化、法治化的金融机构气候与环境信息披露制度，不断完善信息披露模板，由易到难、由少到多，逐步实现金融机构计算和披露其资产的碳排放量信息。及时调整和完善金融机构绿色金融业绩评价体系，不断扩展考核结果应用场景，形成对绿色金融业务的有效激励约束。创设碳减排支持工具，利用优惠再贷款鼓励金融机构增加与碳减排相关的优惠贷款投放。开展气候和环境风险分析及压力测试，及时防范化解经济和产业结构调整可能引发的区域性或行业性金融风险。二是以碳中和为约束条件，进一步完善绿色金融标准体系。尽快出台统一的新版《绿色债券支持项目目录》。根据“需求导向，急用先行”原则，制定新一批绿色金融标准清单。推动成熟标准在试验区先行先试。深度参与ISO/TC322项下的可持续金融标准研究工作，持续推进中欧绿色金融标准趋同。

第三，创新产品服务，丰富直达实体的多层次绿色金融市场体系。创新发展绿色资产证券化、绿色资产支持票据等产品。研究推动绿色金融资产跨境交易，提高国内绿色金融产品流动性。创新发展数字绿色金融，加强数字技术和金融科技在环境信息披露和共享等方面的应用，降低金融机构与绿色主体之间的信息不对称性。创新碳金融产品工具，丰富碳市场参与主体，完善碳金融基础设施，健全法律法规和监管，通过碳市场的合理定价，推动资源有效配置和经济绿色低碳发展。鼓励地方政府、相关企业和金融机构出资设立低碳转型基金。丰富绿色保险产品，鼓励保险资金投资绿色领域。

第四，推进地方试点，加快绿色金融改革创新试验区有益经验的复制推广。鼓励试验区政府多方筹措资金、创新支持方式，继续探索碳达峰和碳中和新要求下绿色金融创新发展的路径。利用试验区自评价联席会议机制，总结好、推广好试验区形成的成熟、有益经验，切实发挥好试验区先行先试示范作用。适时启动试验区扩容工作，鼓励更多有条件、有意愿的地区率先提出碳达峰目标。

第五，深化国际合作，以绿色金融参与和引领全球金融治理。坚持“互利共赢、共同发展”原则，发挥好中国在绿色金融市场规模巨大、政策体系成熟等方面的先行优势，积极发挥G20可持续金融研究小组联合主席的作用，与美国财政部共同牵头，推进G20可持续金融工作。继续通过NGFS、IPSF、中欧、中英和中法等多边和双边平台，积极宣传推广中国绿色金融政策、标准和最佳实践，讲好中国故事，贡献中国智慧，将中国的成功经验和优势资源落实到“南南合作”和“一带一路”倡议中，彰显我国负责任的大国形象。

本文原载于《中国金融》2021年第8期

以碳中和为目标完善绿色金融体系

马骏

中国金融学会绿色金融专业委员会主任、北京绿色金融与可持续发展研究院院长

2020年9月22日，国家主席习近平在联合国大会一般性辩论中，向全世界庄严宣布，中国将力争于2030年前实现碳达峰，在2060年前实现碳中和。中国的此项承诺是全球应对气候变化历程中的里程碑事件，它不但会加速中国的绿色低碳转型，也会激励其他主要国家做出碳中和的承诺，有望成为确保《巴黎协定》在全球实质性落地的最重要推动力。中国等主要国家的碳中和承诺将大大提高《巴黎协定》目标实现的可能性，进而避免出现亿万气候难民，因此，此项承诺将成为构建人类命运共同体的最重要内容之一。

一、碳中和目标下实体经济的转型轨迹

国内外气候变化专家的研究显示，中国有条件在2030年之前实现碳达峰，在2060年之前实现碳中和。基于目前已经成熟和基本成熟的绿色低碳技术和商业化的可行性，专家预测，如果中国及时采取有力的碳中和政策，就有望在2050年将碳排放从目前（2020年）水平降低70%左右（见图1），到2060年之前实现碳中和，即实现净零碳排放。

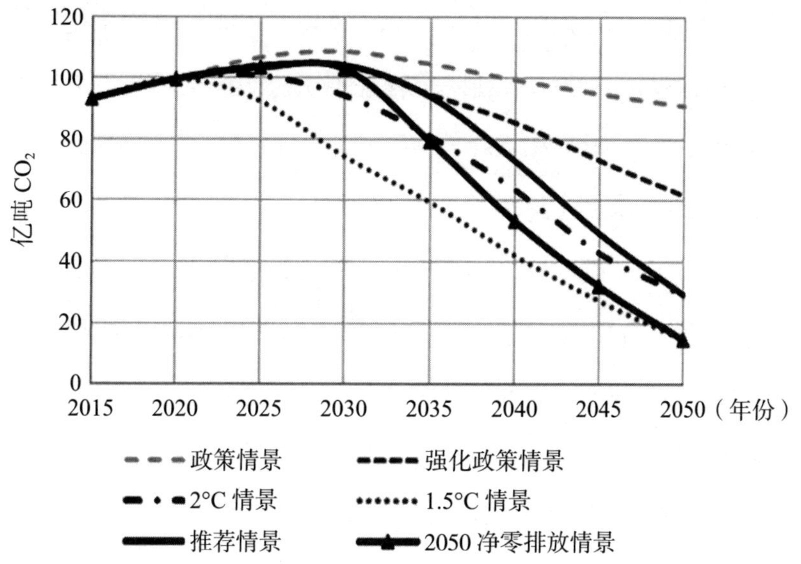

图1　各种情景下的中国碳排放路线图

资料来源：清华大学气候变化与可持续发展研究院，《中国长期低碳发展战略与转型路径研究》，2020。

如果要在2060年之前实现碳中和，必须在实体经济层面加速推动电力、交通、建筑和工业的大规模去碳化，争取在大多数产业实现自身的近零排放，较小比例的难以消除或降低的碳排放将由自然碳汇来吸收（固碳）。

（一）电力：去煤炭、加速发展清洁能源。煤炭占我国一次能源消费的60%左右，燃煤发电是我国碳排放的最大来源，占电力行业总碳排放的一半左右。在碳中和的路径之下，电力系统需要深度脱碳，到2050年左右实现行业近零排放，非化石能源电力将占总电量的90%以上；因此，包括光伏、风电、核能和绿色氢能等的生产、消费和投资，将以比过去所有规划还快的速度增长。清华大学研究显示，达成碳中和目标需要2050年前非化石能源在我国一次能源总消费中占比达到75%左右。国网研究院、风电协会等机构估计，“十四五”期间新增风光装机容量将达到年均约100吉瓦（GW），比“十三五”时期增加约一倍。到2050年，风光的总装机容量约达4000GW，比2020年（约350GW）提高10倍以上，占2050年我国发电量的65%以上。碳中和要求煤炭相关产业的生产、消费和投资必须尽快大幅下降，传统的煤炭开采、煤电产业将难以为继，曾经是主流观点的“煤炭清洁利用”战略也将被快速淘汰。除非碳捕捉技术能够在可预见的将来具有商业可行性，且成本低廉，各类煤炭的利用方式（煤发电、煤制气、煤制油和其他主要煤化工技术）由于其高强度的碳排放，都是与碳中和的目标相矛盾的。根据国际能源署等机构的研究，要实现《巴黎协定》要求的控制全球温升不超过1.5℃的目标，全球必须设定碳排放总量的限额（碳预算），因此全球现存煤炭储量的80%和石油储量的70%可能将不会得到利用。中国也必须接受这个现实。

（二）交通：实现电动化。交通行业（包括公路、铁路、船运和航空）用能源（主要是燃油）不仅是空气污染的主要源头，还会导致大量碳排放。电动车电力来源不仅污染排放为零，即使在目前电力结构下，碳排放也比燃油车低。未来，电力行业实现了高比例清洁能源、零碳排放的条件下，使用电动车、电气铁路运输即可基本解决公路和铁路的碳排放问题。因此，交通行业实现碳中和的转型路径主要应该是确保在常规公路、铁路交通中实现完全电动化和电气化。更多的省市需要像海南省一样，宣布在不久的将来（如2030年）实现禁止销售燃油车，制定燃油车淘汰时间表。在全国范围，应该争取到2035年，纯电动汽车销售约占汽车销售的50%。同时超前建设汽车充电和加氢基础设施，大力推广氢燃料电池汽车，尤其是重型运输车辆，力争到2035年，使氢燃料电池汽车保有量达到100万辆。此外，还要鼓励船舶和航空运输业使用天然气、电能等清洁能源，加速淘汰高耗能交通运输设备和技术。城市化过程应注重绿色基础设施的建设，大力投资轨道交通、快速公交等公共交通设施，建设城市骑行、步行等绿色出行设施和环境，减少私家车出行需求，从源头减少交通相关碳排放，提升城市活力。

（三）**建筑：大力推广零碳建筑**。建筑用能占我国总能耗的20%左右，主要用于建筑物的照明、供暖制冷、家电能耗等。建筑业要想实现净零排放，主要有两个路径：一是建筑节能，二是使用绿电（光伏等清洁能源）。与电力、交通行业相比，建筑行业实现低碳甚至零碳的技术已经基本成熟，只要相关部门和地方政府组织资源，加大有关工作的推动和协调力度，建筑行业有望成为我国最早实现零碳化的部门。在欧洲，已有若干零碳示范园区，园区中所有建筑物已经实现净零排放，且不需要政府补贴。我国的一些试点项目也证明了零碳建筑在技术和经济上的可行性。实现建筑部门总体零排放的基本要素是：提高新建建筑物节能标准，尽早制定和实施超低能耗和零碳建筑标准，大力推广零碳建筑；加大既有建筑节能改造力度；建立零碳示范园区，完善零碳建筑技术；提高建筑用能电气化率，充分使用分布式可再生能源（如光伏），调整北方采暖地区供暖热源结构和提升热源效率；推广节能和智能化高效用能的产品（如家电）、设施。

（四）工业：调结构提能效、推广低碳技术。与电力、交通和建筑行业相比，工业尤其是制造业的技术复杂程度更高，要完全实现零碳的难度更大。清华大学的研究表明，如果大力推动产业结构升级、能效提升、电气化改造和高碳原料的替代，到2050年，我国工业碳排放水平有望比当前降低70%。实现这个目标的路径主要有四个核心内容：一是工业产业结构的升级。根据发达国家的经验，随着人均收入的提高，低附加值产业占工业增加值的比重会逐步下降。预计到2050年，我国高附加值行业增加值占工业产出的比重将从目前的35%上升到60%左右，因此工业能耗会比目前水平下降60%左右。二是提高工业体系能源和资源利用效率。能效提升是工业降低碳排放的重要路径，各种资源（如塑料、钢铁、铝等原材料）的循环利用也有助于降低在原料生产过程中的碳排放。通过大规模使用高能效、低排放甚至零碳技术，到2050年，我国单位工业增加值的能耗可能比目前水平下降65%左右。三是工业部门电气化和推广低碳燃料/原料的利用。目前，我国工业行业仍然大量使用燃煤锅炉，电气化率约为26%。未来，可以通过提高电气化率和使用绿电，来大幅降低碳排放，到2050年提升到70%左右。四是用各类新材料、新原料替代化石原料（如使用氢能替代焦煤作为钢铁生产的还原剂）来降低生产过程中的碳排放。

二、碳中和目标下金融业面临的机遇和挑战

金融业在实体经济大规模向低碳、零碳转型的过程中也必须转型。金融业的转型一方面要满足实体经济转型带来巨大的绿色低碳投融资需求；另一方面也要防范由于实体经济转型风险所带来的各种金融风险，包括高碳产业的违约风险和减值风险以及某些高碳地区所面临的系统性金融风险。

（一）*实现碳中和需要数百万亿的绿色投资*。实现碳中和需要大量的绿色、低碳投资，其中，绝大部分需要通过金融体系动员社会资本来实现。关于碳中和所需要的绿色低碳投资规模，许多专家和机构有不同的估算。比如，《中国长期低碳发展战略与转型路径研究》报告提出了四种情景构想，其中实现1.5℃目标导向转型路径，需累计新增投资约138万亿元人民币，超过每年国内生产总值（GDP）的2.5%。再如，笔者牵头的《重庆碳中和目标和绿色金融路线图》课题报告估算，如果重庆市（GDP规模占全国比重约1/40）

要在未来30年内实现碳中和，累计需要低碳投资（不包括与减排无关的环保类等绿色投资）超过8万亿元。此外，中国投资协会和落基山研究所估算，在碳中和愿景下，中国在可再生能源、能效、零碳技术和储能技术等七个领域需要70万亿元的投资。基于这些估算，未来30年内，我国实现碳中和所需绿色低碳投资的规模应该在百万亿元以上，也可能达到数百万亿元，这将为绿色金融带来巨大的发展机遇。

（二）**碳中和为金融业带来的机遇**。为实现碳中和目标所产生的绿色投资需求，将为有准备的金融机构提供绿色金融业务快速成长的机遇。其中，几个典型的领域包括：1.银行业：创新适合清洁能源和绿色交通项目的信贷产品和服务；推动开展绿色建筑融资创新试点，围绕星级建筑、可再生能源规模化应用、绿色建材等领域，探索贴标融资产品创新；积极发展能效信贷、绿色债券和推动绿色信贷资产证券化；探索服务小微企业、消费者和农业绿色化的信贷产品和服务；探索支持能源和工业等行业绿色和低碳转型所需的金融产品和服务，比如转型贷款。2.绿色债券：发行地方政府绿色专项债、中小企业绿色集合债、气候债券、蓝色债券以及转型债券等创新绿债产品；改善绿色债券市场流动性，吸引境外绿色投资者购买和持有相关债券产品。3.绿色股票市场：简化绿色企业首次公开募股（IPO）的审核或备案程序，探索建立绿色企业的绿色通道机制。对一些经营状况和发展前景较好的绿色企业，支持其优先参与转板试点。4.环境权益市场和融资：开展环境权益抵质押融资，探索碳金融和碳衍生产品。5.绿色保险：大力开发和推广气候（巨灾）保险、绿色建筑保险、可再生能源保险、新能源汽车保险等创新型绿色保险产品。6.绿色基金：鼓励设立绿色基金和转型基金，支持绿色低碳产业的股权投资，满足能源和工业行业的转型融资需求。7.私募股权投资：鼓励创投基金孵化绿色低碳科技企业，支持股权投资基金开展绿色项目或企业并购重组。引导私募股权投资基金与区域性股权市场合作，为绿色资产（企业）挂牌转让提供条件。8.碳市场：尽快将控排范围扩展到其他主要高耗能工业行业以及交通和建筑领域等，同时将农林行业作为自愿减排和碳汇开发的重点领域。

（三）金融业需要防范和管理气候风险。在全球主要国家纷纷宣布碳中和目标、加大落实《巴黎协定》力度的背景下，应对气候变化带来的转型风险对许多产业和有气候风险敞口的金融机构来说会越来越凸显。转型风险指的是在实体经济向绿色低碳转型的过程中，由于政策、技术和市场认知的变化，给某些企业、产业带来的风险以及由此转化而来的财务与金融风险。比如，在各国采取政策措施推动能源绿色化的过程中，煤炭、石油等化石能源产业的需求会大幅下降；为了落实《巴黎协定》，许多国家的碳市场价格将大幅上升，使得大量高碳企业必须支付更多的成本用于购买碳配额；由于技术进步，光伏、风电等清洁能源的成本快速下降，对化石能源会产生替代作用，并逼迫化石能源价格持续下降。在这些转型因素的推动下，煤炭、石油以及仍然使用高碳技术的石化、钢铁、水泥、铝等制造业，涉及毁林和其他破坏生物多样性的产业和项目都有可能出现严重成本上升、利润下降、严重亏损，乃至倒闭的现象；对金融机构和投资者来说，这些风险会体现为贷款/债券违约和投资损失。在某些高碳产业密集的地区（如山西、陕西、内蒙古等），此类与气候转型相关的风险可能会演化为区域性、系统性的金融风险以及由于大规模企业倒闭所带来的失业和其他社会风险。在碳中和目标背景下，我国煤电企业贷款的违约率在10年内可能会上升到20%以上，其他高碳行业的贷款违约率也可能大幅上升。气候转型带来的金融风险可能成为系统性金融风险的来源。过去几年，一些国外的央行和监管机构（如英格兰银行、荷兰央行、法国央行、欧央行等）、国际组织和合作机制（如央行绿色金融网络，即NGFS）已开始强调金融业开展环境和气候风险分析的重要性。但是，中国的多数金融机构尚未充分理解气候转型带来的相关风险，普遍缺乏对气候转型风险的前瞻性判断和风险防范机制。

三、金融业支持碳中和的国际经验

欧洲、英国等发达经济体在过去几年中宣布了碳中和的目标，其金融业和监管机构也在支持低碳投资方面有较多的经验。至少有如下几个方面值得我们借鉴。

（一）以“不损害其他可持续发展目标”为原则，制定和完善绿色金融标准。从多年前一些非官方机构推出的绿色和气候金融标准，到最近几年欧盟正在制定的官方可持续金融标准，其主导原则是支持应对气候变化，同时也覆盖了其他绿色和可持续发展目标，如降低污染、保护生物多样性、支持资源循环利用等。但欧盟在最新发布的可持续金融标准中强调，符合其标准的经济活动不得损害其他可持续发展目标，即不能因为实现了一个目标而损害另一个目标。比如，煤炭清洁利用项目可以有效降低空气污染，但由于大幅增加碳排放，不符合可持续金融标准。

（二）对企业和金融机构强化气候相关的财务信息披露要求。英格兰银行前行长马克·卡尼（Mark Carney）在金融稳定委员会（FSB）发起的气候相关财务信息披露工作组（TCFD）制定了有关信息披露标准，并建议企业和金融机构按此标准披露气候相关财务信息。该项倡议已得到全球数百家大型企业和金融机构的响应，也被一些发达国家的监管机构借鉴或采纳。比如，欧盟在2019年11月发布了金融机构和产品必须披露可持续发展相关信息的要求，并于2021年3月开始实施。2020年12月，英国宣布要求几乎所有公司在2025年按照TCFD开展信息披露。2020年7月，法国金融市场管理局要求机构投资者披露环境、社会和公司治理（ESG）相关信息。此外，许多欧洲和英国机构已经披露了投资组合的碳足迹和机构自身运行的碳排放信息。

（三）不少发达国家的机构开展了环境和气候风险分析。由笔者担任主席的NGFS监管工作组在2020年9月发布了两份研究报告，囊括了全球30多个机构开发的环境和气候风险分析的方法和工具，包括对转型风险和物理风险的分析。这些机构中的大部分来自欧洲发达经济体。

（四）创新的绿色和气候金融产品。欧洲等发达市场在ESG金融产品和碳市场、碳金融方面处于明显领先地位。值得我们借鉴的产品包括各类与可持续发展目标相关联的信贷、债券和交易型开放式指数基金（ETF）产品，转型债券、绿色供应链金融产品、绿色资产证券化（ABS）等。此外，欧洲的碳交易市场ETS覆盖了整个经济体45%的碳排放，相关衍生品工具也为碳市场发现价格和改善流动性提供了较好的支撑。

四、目前绿色金融体系与碳中和目标的差距

自2015年党中央、国务院在《生态文明体制改革总体方案》中首次提出构建绿色金融体系以来，我国在绿色金融标准、激励机制、披露要求、产品体系、地方试点和国际合作等方面取得了长足的进展，在部分领域的成就已经形成了重要的国际影响力。但是，与碳中和目标的要求相比，我国目前的绿色金融体系还在如下几个方面面临着一些问题和挑战。

（一）目前的绿色金融标准体系与碳中和目标不完全匹配。比如，虽然人民银行主持修订的新版《绿色债券项目支持目录》（征求

意见稿）已经剔除了“清洁煤炭技术”等化石能源相关的高碳项目，但其他绿色金融的界定标准（包括绿色信贷标准、绿色产业目录等）还没有做相应的调整。这些标准中的部分绿色项目不完全符合碳中和对净零碳排放的要求。

（二）环境信息披露的水平不符合碳中和的要求。企业和金融机构开展充分的环境信息披露是金融体系引导资金投向绿色产业的重要基础。被投企业和项目的碳排放信息披露则是低碳投资决策的重要基础。我国目前尚未强制要求大部分企业披露碳排放和碳足迹信息，虽然部分金融机构已经开始披露绿色信贷/投资的信息，但多数还没有对棕色/高碳资产的信息进行披露。多数机构也缺乏采集、计算和评估碳排放和碳足迹信息的能力。金融机构如果不计算和披露其投资/贷款组合的环境风险敞口和碳足迹信息，就无法管理相关气候风险，不了解其支持实体经济减碳的贡献，也无法实现碳中和目标。

（三）绿色金融激励机制尚未充分体现对低碳发展的足够重视。金融监管部门的一些政策［包括通过再贷款支持绿色金融和通过宏观审慎评估体系（MPA）考核激励银行增加绿色信贷等］和一些地方政府对绿色项目的贴息、担保等机制在一定程度上调动了社会资本参与绿色投资的积极性。但激励的力度和覆盖范围仍然不足，对绿色项目中的低碳、零碳投资缺乏特殊的激励措施。这些激励机制的设计也没有以投融资的碳足迹作为评价标准。

（四）对气候转型风险的认知和分析能力不足。我国的金融监管部门已经开始重视气候变化带来的金融风险，但还未系统性地建立气候风险分析体系，也没有出台对金融机构开展环境和气候风险分析的具体要求。除了已有几家在绿色金融方面领先的机构开展环境、气候压力测试之外，我国多数金融机构尚未充分理解气候转型的相关风险及相关分析模型和方法，而多数中小金融机构还从未接触过气候风险这个概念。在对相关风险的认识和应对能力建设方面，我国金融机构与欧洲金融机构相比还有较大差距。

（五）绿色金融产品还不完全适应碳中和目标的需要。我国在绿色信贷、绿色债券等产品创新方面已经取得了长足的进展，但在面向投资者提供的ESG产品，以及绿色金融产品的多样化和流动性方面与发达市场相比还有较大的差距，许多绿色金融产品还没有与碳足迹挂钩，碳市场和碳金融产品在配置金融资源中的作用还十分有限，碳市场的对外开放度还很低。

五、政策建议

我国提出了碳中和的目标之后，如果没有实质性的、大力度的改革举措，经济的低碳转型并不会自动加速，主要行业的净零排放也不会自动实现。数量分析表明，如果继续按现有的产业政策和地区发展规划来发展经济，未来30年内我国的碳排放将持续保持高位，不可能达到净零排放，也很难实现在2030年前达峰的国际承诺。从我国金融业的现状来看，虽然已经构建了绿色金融体系的基本框架，但绿色金融标准、信息披露水平和激励机制尚未充分反映碳中和目标的要求，产品体系还没有充分解决低碳投资面临的瓶颈，金融机构还没有充分意识到气候转型带来的金融风险，也没有采取充分的措施来防范和管理这些风险。针对这些问题，**笔者认为，应该从两个方面加速构建落实碳达峰、碳中和目标的政策体系**。一是要求各地方和有关部门加快制定实现“30·60目标”的路线图，出台一系列强化低碳、零碳转型的政策，强化各部门、地方政府和金融机构之间的协调配合。二是从标准、披露、激励和产品四个维度系统性地加强相关政策，构建符合碳中和目标要求的绿色金融体系，保证社会资本充分参与低碳、零碳建设，有效防范气候相关风险。

（一）**地方和产业部门应规划碳中和路线图**。第一，中央应明确要求各地方政府拿出落实碳中和目标的规划和实施路线图，并鼓励有条件的地区尽早实现碳中和。根据我们从若干地区了解的情况，许多省市（包括主要负责人）对碳中和的内涵、背景和意义的了解十分有限，绝大多数地方的产业部门也尚未理解碳中和目标意味着电力、交通、建筑和工业等部门必须大幅度转型，因其没有认识到习近平总书记提出的远期愿景需要现在就开始行动。这会导致由于碳峰值过高带来更大的社会和经济负担。一些地方仍然误以为由于煤炭是本省的资源禀赋，必须充分利用，还在继续规划煤电和依赖传统高碳技术发展的项目。还有一些地方虽然有意愿落实碳中和目标，但由于面临部分传统高碳行业的阻力，中央又没有给出明确的指引，因此不愿意率先推出碳中和债券路线图。我们建议，中央应该给予地方明确的指引，要求各地尽快制定落实碳中和目标的规划和实施路线图，并鼓励可再生能源资源充裕、林木覆盖率较高、服务业比较发达、制造业比重较低、科技创新能力较强的地区尽早（如在2050年前后）实现净零或近零排放，建立净零排放示范园区和示范项目，为其他地区提供可复制、可借鉴的样板。

第二，中央应明确要求相关部委制定零碳发展规划和碳汇林业发展规划，并尽可能将具体目标纳入相关行业的“十四五”规划。碳中和目标的落实涉及所有高碳行业的转型，因此互相协调的行业规划十分重要。根据笔者的初步分析，这些行业规划必须在“十四五”期间开始发生根本性的转变，应该以大幅度减排作为未来五年、十年的约束性条件，乃至首要任务，而不是将低碳发展仅仅作为政策规划中“锦上添花”式的点缀。比如，在能源行业的“十四五”和十年规划中，必须明确提出停止新的煤电项目建设，大幅提高对光伏、风电、氢能、海上风电和储能技术等的投资。应该考虑明确支持有条件的地方宣布停止燃油车销售的时间表，继续保持对新能源汽车的补贴和支持力度，大规模进行充电桩等相关基础设施的投资和部署。在绿色建筑领域，应该尽快大规模实施超低能耗建筑标准和近零排放建筑标准，对零碳建筑提供更大力度的财政和金融支持。在工业领域，应该大力引进国际上先进的低碳、零碳技术，对各类工业制造进行大规模的、全面的节能改造。积极开展生态系统保护、恢复和可持续管理，加强森林可持续经营与植树造林以提升区域储碳量与增汇能力。

（二）**以碳中和目标完善绿色金融体系**。金融行业应该开始规划支持碳中和目标的绿色金融路线图。笔者估计，在未来几十年内，在全国实现碳中和可能需要数百万亿元的绿色低碳投资。根据绿色金融发展的经验，要满足如此大规模的投资需求，90%左右的资金必须依靠金融体系来动员和组织。因此，金融管理部门和各地方政府都有必要牵头研究和规划以实现碳中和为目标的绿色金融发展路线图。这个路线图应该主要包括三个方面的内容：一是目标落实到主要产业的中长期绿色发展规划和区域布局上，编制绿色产业和重点项目投融资规划，制定一系列具体的行动方案和措施，包括发展可再生能源和绿色氢能、工业低碳化、建筑零碳化、交通电动化、煤电落后产能淘汰等。二是建立绿色产业规划与绿色金融发展规划之间的协调机制。制定一系列绿色低碳产业、产品和绿色金融标准体系，建立绿色项目与绿色融资渠道的协同机制，包括服务于绿色项目和绿色资金的对接平台。三是以碳中和为目标，完善绿色金融体系，包括修改绿色金融标准，建立强制性的环境信息披露要求，强化对绿色低碳投融资的激励机制，支持低碳投融资的金融产品创新。具体建议如下：（1）以碳中和为约束条件，修订绿色金融标准。虽然人民银行牵头修订的新版《绿色债券项目支持目录》（征求意见稿）已经剔除了“清洁煤炭技术”等化石能源相关的高碳项目，但其他绿色金融的界定标准（包括绿色信贷标准、绿色产业目录等）还没有做相应的调整。未来，应该按照碳中和目标修订绿色信贷、绿色产业标准，建立绿色基金、绿色保险的界定标准，同时保证符合这些绿色标准的项目不会对其他可持续发展目标产生重大的负面影响。（2）监管部门应该要求金融机构对高碳资产的敞口和主要资产的碳足迹进行计算和披露。建议人民银行、银保监会、证监会等金融监管部门明确提出对金融机构开展环境和气候信息披露的要求，其中，应该包括对金融机构持有的绿色、棕色资产的信息，也应该包括这些资产和主要资产的碳足迹。初期，可以要求金融机构披露其持有的棕色或高碳行业资产风险敞口（如煤炭采掘、煤电、钢铁、水泥、化工、铝业等行业的贷款和投资），并计算和披露接受贷款和投资的企业碳排放和碳足迹。中期，可以要求金融机构披露主要贷款/投资的碳足迹（或向大中型企业提供的贷款/投资）。监管部门、行业协会（如绿金委）和国际合作机制（如中英环境信息披露试点工作组）应组织金融机构开展环境信息披露方面的能力建设，推广领先机构的最佳实践。（3）监管机构应该明确鼓励金融机构开展环境和气候风险分析，强化能力建设。目前，我国只有数家银行开展了环境和气候风险分析，多数大型金融机构开始有所认知但尚未建立分析能力，多数中小机构还未意识到气候转型可能带来的信用风险、市场风险和声誉风险。建议人民银行、银保监会、证监会等金融监管部门明确指示我国金融机构参考NGFS等有关做法，开展前瞻性的环境和气候风险分析，包括压力测试和情景分析。行业协会、研究机构、教育培训机构也应组织专家支持金融机构开展能力建设，并重点开展相关领域的国际交流。央行和金融监管部门应牵头组织宏观层面的环境和气候风险分析，研判这些风险对金融稳定的影响，并考虑逐步要求大中型金融机构披露环境和气候风险分析的结果。（4）围绕碳中和目标，建立更加强有力的绿色金融激励机制。建议人民银行考虑设立较大规模的再贷款机制（每年数千亿级别），专门用于支持低碳项目；将较低风险的绿色资产纳入商业银行向央行借款的合格抵押品范围；将银行资产的碳足迹纳入绿色银行的考核评估机制，并将银行的碳足迹与央行货币政策工具的使用挂钩；考虑在保持银行总体资产风险权重不变的前提下，降低绿色资产风险权重，提高棕色/高碳资产风险权重。在对整个银行业推出风险权重的调整办法之前，可以支持有条件的地区和金融机构开展相关试点工作。（5）外管局和主权基金应开展ESG投资，培育绿色投资管理机构。外汇管理部门和主权基金可以参考NGFS的建议，主动开展可持续投资，以引领私营部门和社会资金的参与。建议外汇管理部门和主权基金按可持续/ESG投资原则建立对投资标的和基金管理人的筛选机制，建立环境和气候风险的分析能力，披露ESG信息，支持绿色债券市场的发展，积极发挥股东作用，推动被投资企业提升ESG表现。（6）监管部门应该强制要求金融机构在对外投资（包括对“一带一路”投资）中开展环境影响评估。继续在“一带一路”地区投资煤电等高碳项目，有损于中国“一带一路”绿色化倡议的国际形象，也会对中国金融机构带来声誉风险和金融风险。建议有关部门尽快建立我国对外投资的强制性环境影响评估机制，严格限制对污染和高碳项目的海外投资；支持我国金融机构承诺大幅度减少和停止对海外新建煤电项目的投资和担保。通过国际合作渠道，推动中、日、韩协同减少和停止对第三国的煤电投资。（7）鼓励金融机构探索转型融资，包括设立转型基金和发行转型债券。要实现碳中和，不仅仅要支持纯绿的项目（如清洁能源、新建的绿色交通和绿色建筑项目等），也要支持化石能源企业向清洁能源转型、老旧建筑的绿色低碳改造、高碳工业企业的节能减排和减碳项目等。（后者一般被称为转型经济活动，也需要大量融资和一定的激励机制。）欧洲已经建立了一些转型基金，支持高碳企业向低碳转型，同时避免其员工失业；也推出了一些转型债券，支持传统能源企业引入新能源项目，将废旧矿山改造为生态景区等。我国也应借鉴这些经验，在认定标准、披露要求、激励机制等方面探索建立支持转型融资的机制，支持金融机构推出转型债券、转型基金、转型保险等金融工具。

（北京绿色金融与可持续发展研究院胡敏、杨鹂，绿金委和清华大学绿色金融发展研究中心对本文亦有贡献。）

本文原载于《金融时报》2021年1月18日

学术篇

建设全国性碳市场，促进经济、社会全面绿色转型

曾刚
上海金融与发展实验室主任

坚持和加快绿色发展已成为我国中长期的重要战略目标。2020年中央经济工作会议首次将“做好碳达峰、碳中和工作”作为重点任务之一，提及“我国二氧化碳排放力争2030年前达到峰值，力争2060年前实现碳中和”，“加快调整优化产业结构、能源结构”，“加快建设全国用能权、碳排放权交易市场”等内容，充分展现了中国的大国责任和大国担当，也确立了“十四五”期间我国绿色发展的目标任务和路线图。

为落实国家战略部署，2021年1月5日，生态环境部部务会议审议通过《碳排放权交易管理办法（试行）》（以下简称《办法》），将于2021年2月起施行，在全国范围组织建立碳排放权注册登记机构和碳排放权交易系统。《办法》的出台，标志着我国碳排放权市场以及碳金融的发展进入了全新的阶段，有望在“十四五”期间，为促进我国经济、社会全面绿色转型发挥更为积极的作用。

一、碳排放权市场的源起

碳排放权市场（或碳交易市场），是温室气体排放权交易的总称，由于二氧化碳占据绝对地位而得名。从更广义的范围来看，碳排放权市场既包括排放权的交易，也包括那些开发可产生额外排放权（各种减排单位）的项目的交易，以及与排放权相关的各种衍生产品的交易。

碳排放权交易的产生，可以追溯到1992年的《联合国气候变化框架公约》（以下简称《公约》）和1997年的《京都议定书》。为了应对全球气候变暖的威胁，1992年6月，150多个国家和地区制定了《公约》，设定2050年全球温室气体排放减少50%的目标，1997年12月有关国家通过了《京都议定书》作为《公约》的补充条款。《京都议定书》设定了发达国家（《京都议定书》附录1中所列国家）在既定时期（2008—2012年）的温室气体减排目标。为降低各国实现减排目标的成本，《京都议定书》设计了三种交易机制，即国际排放权交易机制（International Emission Trading，IET）、联合履约机制（Joint Implementation，JI）以及清洁发展机制（Clean Development Mechanism，CDM）（见表1）。

表1　《京都议定书》设计的三种减排机制

机制名称	运作机制
国际排放权交易机制（IET）	附录1国家之间针对配额排放单位（Assigned Amount Units，AAUs）的交易。在《京都议定书》实施初期，各国将分配到既定的AAUs指标，之后可以按照自身的排放情况，来决定购入或卖出该指标。
联合履约机制（JI）	《公约》附录1国家之间的减排单位（Emission Reduction Units，ERUs）交易。而产生这种减排单位的方法主要有：建立低于标准排放量的项目（如采用低排放的技术），发展能吸收温室气体的项目（如植树造林）等。
清洁发展机制（CDM）	附录1国家和非附录1国家（主要是发展中国家）之间的交易。在这一机制下，发达国家可以通过向发展中国家进行项目投资或直接购买的方式来获得核证减排单位（Certificated Emission Reductions，CERs）。

资料来源：作者整理

《京都议定书》所列出的这三种市场机制，使温室气体减排量成为可以交易的无形商品，为碳排放权交易的发展奠定了基础。缔约国可以根据自身需要来调整所面临的排放约束，当排放限额可能对经济发展产生较大的负面影响或成本过高时，可以通过买入排放权（包括向另一个附录1国家买入AAUs或获取ERUs，以及向发展中国家购买CERs等）来缓解这种约束，或降低减排的直接成本。

在《公约》与《京都议定书》的框架下，不少国家和地区陆续建立了碳交易体系，根据《全球碳市场进展：2019年度报告》显示，目前全球共有20个碳交易体系正在运行，涉及电力、工业、航空、交通、建筑、废弃物、林业等行业，覆盖的碳排放占全球排放总量的8%。其中，运行最为稳定、发展最为成熟的市场主要有欧盟碳市场、美国碳市场（区域温室气体倡议和加州碳市场）和英国碳市场。按照交易原理划分，国际碳排放权交易市场可以分为基于配额的市场和基于项目的市场，而在基于配额的市场中，根据配额产生的方式不同，又可以分为强制减排市场和自愿减排市场（见表2）。

基于配额的市场具有排放权价值发现的基础功能。配额交易市场决定着碳排放权的价值。配额多少以及惩罚力度的大小，影响着碳排放权价值的高低。当然，由政府管制所产生的约束要比市场自身产生的约束更为严格，因此，强制减排市场的排放权价格会更高，而交易规模也会远远大于自愿减排市场。配额交易创造出了碳排放权的交易价格，当这种交易价格高于各种减排单位的价格时，配额交易市场的参与者就会在二级市场上购入已发行的减排单位或参与CDM和JI交易，来进行套利或满足监管需要。这种价差越大，投资者的收益空间越大，对各种减排单位的需求量也会增强，这会进一步促进绿色项目的开发和应用。

表2　碳排放权交易的类型

交易类型		交易机制
基于配额的市场	强制减排	把限定的碳排放总配额分配给各个参与者，然后各个参与者再按照自身需求买卖碳排放配额。强制配额市场的特征是强制加入、强制减排。欧盟排放权交易体系（EU ETS）是典型的强制配额市场。
	自愿减排	自愿加入、强制减排，以美国芝加哥气候交易所（CCX）为典型代表。
基于项目的市场		低于排放基准水平的项目经过认证后可获得减排量，减排成本较高的经济体往往会通过购买这种减排单位来降低减排成本。与配额市场不同的是，基于项目的碳交易市场以碳信用为交易对象，采用的是基线与信用机制。

资料来源：作者整理。

二、我国碳排放权市场的探索

为落实国家“十二五”规划纲要提出“逐步建立碳排放交易市场”的任务要求，2011年10月底，国家发展和改革委员会批准北京、天津、上海、重庆、湖北、广东及深圳七省市开展碳排放权交易试点，正式拉开了我国碳市场建设的序幕。2013年6月，深圳碳排放权交易所率先启动，标志着碳排放权交易正式开始试点；随后，上海、北京、广东、天津四个交易所在2013年底启动，碳排放权交易试点范围扩大。2014年，湖北、重庆两个碳排放权交易中心正式开始碳交易，自此七个试点区域碳交易所全部启动（见表3）。2017年，海峡股权交易中心开始碳交易，福建加入试点范围。截至2020年末，我国各试点碳市场配额现货交易累计成交4.45亿吨二氧化碳当量，累计交易总额104.31亿元，平均碳价23.44元/吨。

表3　试点碳排放权市场基本情况

试点交易所	配额分配原则	配额计算方法	纳入行业	交易规则	衍生业务
深圳碳排放权交易所	90%以上配额免费，且考虑行业增长	历史强度法 基准线法	工业（包括电力、水务、制造业等）、建筑、交通运输等行业	现货交易 大宗交易 电子竞价	EMC投资基金 碳减排项目投资基金 碳债券
上海环境能源交易所	100%配额免费，适度考虑行业增长	历史排放法 基准线法	电力、钢铁、石化、化工等；航空、机场、港口、商场、宾馆等	挂牌交易 协议转让	CCER质押贷款 碳借入机制 碳基金、碳指数

续表

试点交易所	配额分配原则	配额计算方法	纳入行业	交易规则	衍生业务
北京环境交易所	95%以上配额免费，以上一年数据为依据，按年度发放	历史排放法 历史强度法 基准线法	电力、热力、水泥、石化、其他工业及服务业	公开交易 协议转让	碳配额回购融资 碳配额质押融资 中碳指数
广州碳排放权交易所	95%以上配额免费，按年度发放，考虑经济社会发展趋势	历史排放法 基准线法	电力、水泥、钢铁、陶瓷、石化、纺织、有色、塑料、造纸年碳排放量2万吨以上	单向竞价 挂牌竞价 协议转让	碳配额抵押融资 碳配额托管 配额回购交易
天津碳排放权交易所	100%配额免费，每年可调整	历史排放法 历史强度法 基准线法	钢铁、化工、电力、热力、石化、油气开采等重点排放行业和民用建筑领域年碳排放量2万吨以上	拍卖交易 协议转让	

续表

试点交易所	配额分配原则	配额计算方法	纳入行业	交易规则	衍生业务
湖北碳排放权交易所	100%配额免费	历史排放法	年能源消费量6万吨标准煤及以上的重点工业企业	定价转让 协商议价	碳基金、碳债券 碳资产质押融资 碳资产托管
重庆碳排放权交易所	无偿分配为主，适当的有偿分配对过高的市场价格进行调控	历史强度法 基准线法	化工、钢铁、水泥、电力、造纸、玻璃以及有色金属等工业行业	公开竞价 协议转让	

资料来源：作者整理。

从已有的八个省市的区域碳市场来看，八个市场在减排目标、配额总量、纳入企业及门槛、配额分配方式、其他辅助减排措施等多个方面都存在较大的差异，进而导致八个市场的碳价并未呈现收敛迹象。此外由于全国各个地区的发展存在较大的差异，不同地区的产业结构、资源禀赋和发展模式都存在较大差异。不同地区担负的减排责任和其对碳排放权市场建设的态度不同，进而导致各个地区之间很难就碳市场的建设进行有效的沟通和协调，同时又缺乏统一的标准和规定，进而导致区域市场发展不平衡和区域市场相互割裂的问题出现。

此外，由于试点阶段各省市并没有明确罚则条款，且授予企业的碳排放权配额也相对宽松，截至目前的碳排放权交易普遍活跃度较差，且不同试点之间碳排放权日交易均价差距也较大。北京的交易均价最高，2020年12月30日的交易均价为80元/吨，而当日深圳、广东、湖北、重庆、福建交易所的日交易均价分别为11.13元/吨、28.37元/吨、28.01元/吨、23.12元/吨、17.29元/吨，市场分割现象较为严重。同时，试点阶段碳排放权日成交量波动巨大。以深圳交易所为例，日成交量最高时达到400吨/日，但部分交易日无交易；其他七个交易所也存在类似的情况。

三、全国统一市场的建设

我国碳市场体系的建设路径是自下而上，先试点再推广的传统模式。一定程度上说，这样的试点有其现实意义，但从目前碳排放权交易的现状来看，国内市场由多个不同的部门分开，每个市场在许多方面都有独特的设计，虽在一定程度上展示了地方特色，也更多地满足了地方发展要求，但分割的碳市场明显限制了市场的灵活性及其功能的发挥。要在“十四五”期间实现经济、社会的全面转型，建成全国统一的碳市场势在必行。早在2017年，国家发改委就印发了《全国碳排放权交易市场建设方案（发电行业）》，旨在推动全国统一碳排放权交易市场建设。2018年4月，应对气候变化及减排职能由国家发展改革委调整至新组建的生态环境部，为碳市场建设与管理提供了新的条件。在生态环境部正式发布《办法》之后，统一的排放权市场建设开始加速。2021年7月16日，全国碳交易市场如约开启。交易首日，全国碳市场碳排放配额（CEA）挂牌协议交易成交量约410.4万吨，成交额约2.10亿元，当日开盘价（最低价）为48.00元/吨，收盘价为51.23元/吨，最高价为52.80元/吨。

1. 电力行业先行，建立全国性市场

《办法》确立了碳排放配额分配和清缴，碳排放权登记、交易、结算，温室气体排放报告与核查等活动的管理办法，涉及温室气体重点排放单位和符合国家有关交易规则的机构和个人。碳排放权交易管理办法将首先在电力行业落地实施。生态环境部发布了《2019—2020年全国碳排放权交易配额总量设定与分配实施方案（发电行业）》，根据发电行业（含其他行业自备电厂）2013—2019年任一年排放达到2.6万吨二氧化碳当量（综合能源消费量约1万吨标准煤）及以上的企业或者其他经济组织的碳排放核查结果，筛选确定纳入2019—2020年全国碳市场配额管理的重点排放单位名单，目前共计2225家。

2. 明确配额分配机制，完善强制减排制度

《办法》明确，碳排放配额总量确定与分配方案由生态环境部负责制定，省级生态环境主管部门则根据生态环境部制定的碳排放配额总量确定分配方案，向本行政区域内的重点排放单位分配规定年

度的碳排放配额。初始阶段，碳排放配额为免费分配，未来将适时引入有偿分配制度。当A企业年度排放总量超出配额时，需在碳排放交易市场购买配额；当B企业年度排放总量与所分配额度相比出现盈余时，可在碳排放交易市场上出售配额，以赚取减排带来的收益。若A企业未在交易市场上购买配额，则在次年清缴核算时需补足配额缺口，否则就要面临罚款和核减下一年度碳排放配额的处罚。

3.覆盖区域扩大到全国，增加罚则条款

《办法》推动的全国碳排放权交易市场建设，最突出的特点不仅在于将局限在试点区域的交易推广到了全国范围，更重要的是明确了罚则条款，这对提升排放权定价和交易活跃度，将会有显著的效果。《办法》明确提出：对瞒报、虚报或拒绝报告碳排放报告的企业，责令限期改正，并处一万元以上三万元以下的罚款。对未按时足额清缴的重点排放企业，责令限期改正，并处二万元以上三万元以下的罚款；逾期未改正的，欠缴部分等量核减其下一年度碳排放配额。

4.扩展减排范围，统一技术标准

相较试点城市仅关注二氧化碳排放（北京市仅出台过《重点碳排放单位二氧化碳核算和报告指南》，并未提及其他温室气体测算方法），新《办法》明确规定了温室气体是指包括二氧化碳（CO_2）、甲烷（CH_4）、氧化亚氮（N_2O）、氢氟碳化物（HFCs）、全氟化碳（PFCs）、六氟化硫（SF_6）和三氟化氮（NF_3）在内的所有吸收和重新放出红外辐射的气态成分。这意味着虽然从绝对值（2.6万）上看，新《办法》相较试点城市的标准更为宽松，但管控范围不再仅仅局限于二氧化碳排放量。在扩展减排范围的同时，《办法》还解决了各试点区域标准分散的问题。温室气体重点排放单位作为碳市场交易主体，其合理统一的界定标准是建立碳交易市场的基石之一。以往根据试点城市的不同，判定条件有所区别。北京及广东以年度二氧化碳排放量作为判定标准（北京：CO_2>5000吨；广东：CO_2>2万吨），而上海和福建则以年度综合能耗作为判定标准（上海：消耗>5000吨标准煤当量；福建：消耗>10000吨标准煤当量）。而新《办法》规范统一了标准，将全国范围温室气体排放量超过2.6万吨二氧化碳当量，且属于全国碳排放交易市场覆盖行业的主体纳入温室气体重点排放单位。

四、碳排放权市场发展的关键与前景

从未来看，在统一市场建成之后，区域市场分割、参与者较少的局面将得到缓解，管控趋严也有助于高耗能企业（项目）碳排放权配额需求的提升。由于电力行业温室气体排放量大，生产过程流程清晰易于核算，行业内企业多为国企、便于管控，电力行业成为碳排放权交易由试点向全国推广的排头兵。目前参与各交易所试点的企业分散于石化、化工、建材、钢铁、有色、造纸、电力（包括企业自备电厂）、水泥、航空等20余个行业。《办法》开始实施后，各试点交易所将根据各地方的覆盖要求安排全国碳排放门槛以下及其他行业企业的碳排放交易，虽然全国范围内的交易仅涉及对电力行业的管控，但试点城市的交易或仍将涵盖多个行业。碳排放权交易是实现2030年“碳达峰”、2060年“碳中和”的重要手段。为了实现上述目标，预计对高耗能行业的管控必将趋严，将逐步纳入碳排放权交易范围。

当然，建设全国统一的碳市场，并不适合“一刀切”的市场运行机制。因为我国东—中—西部至今存在发展不平衡的现象，发展较早的东部地区显然对工业的依赖程度更低，中、西部也因此面临更大的碳减排压力。制度适用前提不一样的情况下，完全一致的规则设计必然使资源优势向东部地区倾斜，同样会加剧发展的不平衡性，使碳排放权交易制度更加缺乏公平运行的大环境。此外，减排过程对不同产业的冲击和影响也存在较大差异，而产业应对冲击的能力也各有不同。简单对所有产业施加相同的约束，也有可能导致潜在的风险。总体上看，要建立统一的碳排放权交易市场，实现国内碳交易市场由试点向全国市场的过渡发展，在市场机制设计方面关键是要解决以下几个问题。

一是完善政策框架，加快基础设施建设。国际碳市场的发展经验表明，完善的政策法规是碳市场规范、有序发展的必要前提，健全的市场体系、多元化的参与主体可进一步提高市场竞争和效率。例如，欧盟碳市场自成立以来，通过条例、指令、决议等多种形式规范碳交易，并不断对相关法律文件进行修订；美国加州碳市场是在“加州全球变暖解决法案2006”（AB 32）基础上逐步建立并完善的。

欧盟和美国碳市场均分为一级市场和二级市场，碳市场层次结构清晰，服务功能完善。反观国内，碳资产法律基础及价值评估体系薄弱，阻碍了以碳资产为基础资产的碳金融产品的创新、落地与推广。碳排放权交易的政策制度尚不完备，在试点市场向全国市场过渡期间，政策的不确定性可能导致市场主体参与风险进一步提高、参与积极性进一步降低。监管规则、统计制度、披露要求等细则尚不明确，也不利于碳金融市场规范发展。

鉴于此，在统一排放权市场建设过程中，有必要推进碳排放权交易专门立法，明确发展目标以及政府与市场参与者在交易、数据信息披露、秩序维护等环节的相关职责、权力与权利、义务范围。2019年，生态环境部发布《碳排放权交易管理暂行条例（征求意见稿）》，2021年，生态环境部发布《碳排放权交易管理暂行条例（草案修订稿）》，再次向全社会公开征求意见，标志着我国碳交易立法迈出了重要一步。2019年，财政部发布了《碳排放权交易有关会计处理暂行规定》，配合我国碳排放权交易的开展，规范碳排放权交易相关的会计处理。此外，还应考虑制定《碳排放权交易法》，通过专门立法更加明确碳排放权交易制度发展的目标，为市场参与者提供更加稳定的投资预期；有效防止“碎片化”发展模式形成，增强碳排放权交易制度的稳定性；通过立法对交易中可能出现的情形进行标准的统一，并在具体立法中明确责任边界，针对碳交易市场的参与者与市场行为来明确政府监管的范围与具体的监管职责、处罚权。

一方面有益于纠纷处理为交易双方提供有效保障，另一方面也为政府监管的合法有效性提供制度安排。

除法律体系建设外，技术标准、信息披露等基础设施的建设，对统一市场的发展也有重要的意义。从这点来看，需要进一步完善绿色金融标准体系，确保绿色债券和绿色信贷等金融产品对减排、绿色发展提供更为有效的支持；制定《企业温室气体排放监测、报告与核查管理办法》，统一标准，营造一个更加公平的市场环境，防止市场运行中因条件差异性导致的市场波动。同时，统一标准下也更加有利于统一管理，使碳市场维持一个平衡状态。强化信息报告和披露。有必要在碳排放权交易市场上，建立强制的信息披露制度，覆盖各类交易机构和融资主体，统一披露标准，等等。

二是顶层设计，有序推进。充分考虑区域差异，正视经济水平、社会环境、产业技术的现状和未来发展趋势，设计整体公平下的差异化市场运行机制。合理的差异化规则应以试点地区的有效经验和真实的数据积累为基础。此外，也应该发挥好排放权交易试点地区的先行作用，带动其他地区参与其中，并通过有效的激励机制鼓励碳排放权交易市场中的突破性创新，推动区域碳市场与全国统一碳市场的对接。过程中可以参考清洁发展机制（CDM）和联合履约机制（JI），首先由国家确定可采用此两种方式的地区，而后非试点地区自愿减排，可与强制减排市场进行项目交易；试点地区与其他地区共同努力完成减排任务。同时，着力培育碳市场专业人才，在做好调查与准备等工作的基础上，发挥专业优势积极创新，结合试点经验完成全国碳排放权交易制度设计，确保碳排放权交易地方市场与全国市场的顺利衔接。

三是鼓励金融创新，形成金融市场与排放权交易的良性互动。欧美碳市场的发展经验表明，金融化程度日益提高是碳市场发展的必然趋势，反过来也进一步促进了碳市场的深化发展。一是交易所作用日益增大。目前，西方发达国家已经形成了多个有影响力的碳排放权衍生品交易市场，包括欧洲期货交易所、欧洲能源交易所、欧洲气候交易所、芝加哥气候交易所等。欧洲能源交易所不仅是欧盟碳配额最主要的拍卖市场，而且碳期货和期权交易也很活跃。二是交易品种日益丰富。欧盟自2005年6月推出碳期货期权交易，EUA和CER期货、期权、互换发展迅速，吸引二级市场投资者加入碳交易。同时，欧盟碳市场还出现了CDM市场项目应收碳排放权的证券化产品，众多商业银行推出了与碳排放权挂钩的结构性理财产品。美国碳市场也推出了特定年份期货产品和碳补偿期货、碳期权等金融衍生品交易。三是主流金融机构参与日益广泛。以欧盟为例，区域内的碳基金数量占到全球碳基金总数的半数，私人碳基金在资本数量和资本总量上逐步超越了政府基金。荷兰银行、汇丰银行、花旗银行等欧美的商业银行也尝试运作不同类别的碳金融资产，为控排企业提供碳融资和咨询服务，也为碳交易所提供结算等服务。

与国际相比，截至目前，我国碳金融产品工具仍处于零星试点状态，尚未形成从点到面的规模化发展也并未普及，不能满足相关企业的碳资产管理需求。产品和市场的匮乏也导致专业投资者不足，碳金融市场发展也缺乏专业的资金支持。随着统一排放权市场的建设，我国碳金融体系的市场规模和流动性都将大幅提高，交易主体和需求种类也将更加多元，碳期货的束缚将消失，可交易的碳金融衍生品有望迎来井喷，全国碳市场将为碳金融体系的发展提供重大机遇。从实践来看，进入2021年以后，金融机构对碳金融领域的关注度显著提高。2月下旬，工行、中行、建行、农行、中信、兴业主承销首批64亿元碳中和债。3月上旬，英大信托携手国网国际融资租赁设立绿色资产支持商业票据（碳中和债）；3月下旬，百瑞信托发行首单绿色资产支持商业票据；此外，南方中证新能源ETF、易方达中证新能源ETF、华夏中证新能源ETF等先后上市。5月上旬，交通银行完成了首笔碳配额质押融资，等等。未来有必要鼓励和支持金融机构全方位介入统一市场建设，从以下三个方面支持碳金融市场的发展。一是在二级市场（统一市场）层面参与碳指标交易，主要包括碳期货、碳期权、碳掉期等金融衍生品，丰富碳金融产品体系，增加碳市场的流动性。二是股权投资，金融机构通过兼并与收购的方式进行资源优化配置。除了自己进行配额交易外，还可以收购碳市场上有价值的参与者或竞争者。三是碳基金，金融机构与政府共同出资设立碳基金来支持节能减排项目的开展。

总体上看，随着统一市场的建设与完善，我国碳排放权交易市场活跃度有望得到显著提升，在规模上很有可能会成为世界最大碳交易市场。这不仅将更充分地显示出碳市场对资源配置的引导作用，促进我国经济、社会的全面绿色转型，也能有效提高我国在国际碳交易市场的地位以及在碳定价方面的话语权，并推动我国在碳金融领域的加速创新。

绿色复苏：金融业与金融监管机构的角色

王遥　潘冬阳

王遥，中央财经大学绿色金融国际研究院院长；潘冬阳，伦敦大学学院博士研究生、中央财经大学绿色金融国际研究院研究人员

2020年9月22日，习近平主席在联合国大会上的讲话中郑重承诺我国“二氧化碳排放力争于2030年前达到峰值，努力争取2060年前实现碳中和”的目标，并指出各国要推动疫情后世界经济“绿色复苏”，汇聚起可持续发展的强大合力。这表明了中国积极推动国内与世界经济，在疫情后朝着绿色可持续方向发展的坚定决心。2020年10月21日，中国人民银行行长易纲在金融街论坛上指出，金融政策要围绕我国碳达峰、碳中和的重大战略部署，促进经济绿色复苏和发展。目前，人民银行已将“绿色金融”确定为2021年及今后一段时间的重点工作。

所谓经济“绿色复苏”，是疫情后经济中企业生产与居民消费水平在数量与质量上恢复至疫情前水平并实现进一步增长的同时，绿色生产与消费水平的占比得到提高，经济结构朝着绿色可持续方向转型。这要求绿色部门的恢复与增长速度大于非绿色部门。近来，经济“绿色复苏”已逐渐成为全球呼声与实践。牛津大学牵头并于2020年5月发布的调研报告（Hepburn et al.，2020）显示，全球很多经济金融决策者欢迎采用特定经济刺激工具，同时促进经济复苏与气候变化问题的解决。联合国、国际货币基金组织、世界银行等多边组织近几个月内举办多个高层次会议，不约而同、高度一致地以绿色复苏为主题。欧盟最早在政策实践层面明确绿色复苏的理念，并付诸行动。在其2020年7月通过的总额为7500亿欧元的复苏计划中，将绿色和数字转型作为聚焦方向。以法国为代表的多国已开始研究制定关注绿色发展的本国经济复苏方案。美国总统拜登也提出，在未来4年投资2万亿美元，用于清洁能源、绿色建筑等重点领域，以使美国在2050年前实现碳中和。

一、绿色复苏的重要意义

疫情带给我们的重要启示是，人类社会的发展时时刻刻受到大自然的约束。经济的增长若以牺牲自然环境为代价，将可能引发更多来自大自然的灾难，例如气候变化，将给人类带来巨大损失。我们正逐步意识到，经济增长与保护自然环境是和谐统一而非矛盾对立的。应推动经济社会的绿色转型、低碳发展，增强经济增长的环境可持续性。

在这样的背景下，强调疫情后“绿色复苏”的基本逻辑是：疫情对经济造成了巨大的负面冲击，需要通过以加大投资为代表的方法促进经济恢复与增长；同时，经济的绿色转型与发展，也需要大量的投资。各国目前已开始通过财政、金融手段筹措大量的经济复苏资金，若将这些资金投资于有益经济绿色转型与发展的方向，则将实现经济恢复与环境改善的双赢，带来环境可持续的经济增长。若不考虑在疫情恢复时期大量投资的绿色属性，则可能加重经济发展的环境代价、阻碍绿色转型，增加人类未来面临的环境风险。

从经济学理论上看，疫情冲击后的经济恢复期，是加速经济绿色转型的良机。第一，疫情冲击使得经济中的生产与污染排放断崖式下降，许多高污染、高能耗的落后产能已被自然淘汰。此时推动经济绿色转型，政策制定者可以节省“关停并转”的成本，将精力集中在引导鼓励绿色产能恢复与扩大上来。第二，我们的最新政策模拟（Pan et al.，2021）显示，疫情恢复时期，政府能以更低的政策成本创造更多的绿色产能。这是因为疫情冲击使生产活动中劳动参与量及产量下降，但不影响已有绿色生产技术的存量，产量下降后政府可使用更少的绿色产品补贴、激励更多人投入绿色技术的研发中去，进而以较低成本提高未来的绿色产能。第三，疫情后以油价为代表的传统化石能源价格大幅下降，此时若适当削减化石能源的相关补贴或增加其税收，则能够在保持化石能源绝对价格稳定的情况下增加化石能源相对清洁能源的价格，这将实现在不增加使用者成本的同时，减少其对化石能源的依赖，从而减少污染排放。

在当前错综复杂的国际形势下，我国引领世界经济的绿色复苏还具有特别的意义。绿色发展是当前欧盟国家、多数“一带一路”国家注重的发展模式，也已成为美国拜登政府的优先方向。我国推动绿色复苏，一方面，是站在了人类可持续发展的道义高点，能够增加与相关国家对话的共同语言，有益于我国融入国际治理体系，构建新的更为公平合理的国际秩序；另一方面，我国经济的绿色产能，将能够更为便捷地出口到相关国家，这有益于进一步促进国内经济的恢复与增长。

二、绿色复苏的实现途径与金融业应扮演的角色

拉动经济增长的“三驾马车”是投资、消费与净出口，这三者就推动实现经济复苏而言同样适用。疫情后，在“以国内大循环为主体、国内国际双循环相互促进”的发展背景下，属于国内需求的前两者，特别是投资，将发挥更大作用。为此，一是要从数量上提高投资与消费、填补外需的下降；二是要提高我国自身产品的供给质量、替代以往需要通过进口满足的高层次需求。而这都少不了金融业提供信用支持、跨期配置资源、筛选项目的功能。

通过绿色投资促进经济绿色复苏具有多重优势。从经济学理论上看，开展绿色投资，第一，能够形成绿色产业的生产资本，为未来绿色生产及经济绿色转型打下基础；第二，能够扩大当期经济的总需求，直接帮助经济复苏；第三，投资绿色技术创新，将促进绿色部门生产能力的提高，以在未来实现绿色部门对非绿色部门的市场化自发替代——我国过去几年通过补贴促进的电动汽车技术飞跃引发电动汽车对燃油汽车的替代，便是最好的例子。从实践角度来看，我国有“有为政府”“集中力量办大事”的条件，从中央到地方的各级政府，能够较好地引导、动员大量资金，开展方向明确的投资。疫情后的复苏过程中，可充分发挥我国的这项治理效能与优势，开展大规模的、绿色导向的投资。

金融业在绿色投资中扮演重要角色。绿色投资一方面可以通过财政资金开展，另一方面可以使用社会资本，主要通过金融渠道实现。财政资金数量十分有限，在危机期间还应优先满足纾困需求，较难满足大规模的绿色投资需求。社会资本，特别是来自金融业的信用资金，相对数量多，满足绿色投资需求的能力强，是绿色项目的主要资金来源。截至2020年第三季度末，我国绿色贷款余额约11.55万亿元，居世界第一位；6月末的绿色债券存量规模约1.2万亿元，居世界第二位。同时，在疫情冲击后，金融业需要更多前景好的投资项目，符合我国及世界发展趋势的绿色项目则为金融业提供了一种好的选择。此外，金融业因其逐利属性，相比财政还能够更好地筛选项目，从而减少无效投资。

除了绿色投资，绿色消费与绿色出口也能够促进经济的绿色复苏。不可否认的是，疫情冲击与近期国际形势，在一定程度上抑制了我国居民的消费支出与厂商的出口活动。但是，金融业对扩大绿色消费与出口同样能发挥一定作用。在消费领域，金融业可着重开发绿色消费贷款，针对新能源汽车、绿色建筑（住房）等绿色特征明显的消费品，设计专门的金融产品、给予特定的优惠条件。在出口领域，金融业可重点支持绿色贸易融资、“一带一路”国家绿色产能合作项目的融资，同时应关注项目的ESG（环境、社会和治理）表现、隐含碳排放等非财务指标，避免涉环境问题的国际纠纷。

三、发挥金融监管机构在绿色复苏中的重要作用

金融监管机构能够在绿色复苏中发挥重要作用。主要是因其能对金融业“绿色金融”活动进行进一步支持与引导，并在特定方向强化“绿色金融政策”。目前来看，绿色金融活动还存在一定的壁垒，这主要体现在资本的逐利性与环境外部性的矛盾、长期绿色效益与短期经济效益的矛盾，使绿色金融发展存在“叫好不叫座”的现象。譬如，绿色金融所支持的项目一般具有正外部性，相关收益没有被纳入传统的金融定价机制，这使得部分绿色金融项目无法实现风险与收益在商业上的平衡，限制了绿色融资的数量。而金融监管部门能够开展多方面工作，减少相关壁垒、促进外部性的内部化，以激励绿色金融的发展。这既是我国近年来所推进的“绿色金融政策”的主要内容，更是金融监管部门在经济绿色复苏过程中，能够发挥的重要作用。为突出做好经济在短期内的绿色复苏工作，并为经济长期绿色转型与可持续发展打下更牢靠的基础，金融监管机构可在以下方面加以着力。

一是加大现有绿色金融激励与约束政策的力度。提高针对绿色信贷、绿色债券的贴息与风险补偿；在宏观审慎评估中扩展绿色金融相关指标并提高其权重；适当放宽绿色资产作为再贷款抵（质）押品的要求；鼓励银行扩大绿色信贷的抵（质）押品范围；加强对绿

色投融资的窗口指导；为绿色企业（项目）发行股票、债券提供独立便捷的通道。同时，通过上述工具的反向操作，提高非绿色项目，特别是涉及“两高一剩”项目的融资门槛。此外，加快明确不同企业、项目、金融机构的环境信息披露要求，提高市场的绿色透明度；对主动开展环境风险分析的金融机构给予更为深入的指导与帮助，鼓励金融机构将相关风险纳入整体风险管理框架。

二是创新运用金融政策工具。使用再贷款、再贴现等工具定向支持绿色企业的融资，研究将“支绿再贷款”业务日常化；研究能使资金直达实体绿色企业的创新型货币政策工具；在风险可控的前提下，降低绿色信贷的风险权重，开展放宽绿色信贷监管指标要求的地区试点；针对绿色金融表现良好的银行，定向降低其存款准备金率要求，支持、鼓励其发行永续债补充资本；将金融机构利息收入免征增值税的范围扩大到绿色信贷。近一段时间来，央行的“绿色资产购买计划”或“绿色QE”在国际上得到了广泛的讨论，我国也可进行初步的研究，在市场流动性不足的时期进行尝试。实际上，在“碳中和”的要求下，央行在资产购买中不偏向某个部门的“市场中性”（Market Neutrality）要求已经受到了欧洲央行行长拉加德等人的质疑。除了上述这些政策工具，伦敦政治经济学院牵头的一份报告（Dikau et al.，2020）详细列举了央行与金融监管机构能够促进绿色复苏的更多可用工具。

三是引导产品与服务创新。鼓励银行开发绿色消费类贷款产品；

借鉴“抗疫”主题绿色债券发行的成功经验，引导机构发行“复苏”主题绿色债券；鼓励国家绿色发展基金等绿色投资主体开展促进经济复苏的专项投资，或成立专项子基金；开辟特别渠道或开发特定工具，为国外资金投资中国绿色项目提供便利；使用外汇资产、社保基金开展ESG投资，引导市场投资取向；培育专业化的绿色金融认证、评价、中介等服务机构。

四是为市场提供基础性方法、工具，开展监管机构自身能力建设。尽快制定国内统一的绿色项目分类标准，并注意与国际标准接轨，以便投融资者清楚知悉项目是否有利于绿色复苏；在各地搭建绿色项目库，方便投融资需求的对接；研究宏观金融系统层面与微观金融机构层面的环境与气候变化风险，开展相关压力测试、情景分析；为金融机构提供标准化的环境与气候变化信息披露方法、相关风险分析方法；协助金融机构探索基于内部模型调整绿色资产风险权重和经济资本占用的方法；完善金融机构的绿色业绩评价体系；逐步将环境与气候变化因素，纳入央行与金融监管机构的政策框架及其传统的研究模型（例如动态随机一般均衡模型，DSGE），开发新型研究模型（例如综合评估模型，IAM）；强化绿色金融领域的数据统计工作，适当公开现有数据，以便及时验证已有政策的效果、改进未来政策的实施。

金融监管机构在促进经济绿色复苏过程中，有几点应特别注意。第一，各层级金融监管部门在即将开展的“十四五”规划中，应明确绿色复苏的目标与具体方法，按照“碳达峰”“碳中和”要求，制定发挥金融部门作用的路线图。第二，金融政策应积极与财政、产业、就业、科技等政策配合，发挥政策间的协同效应、互补效应。金融监管机构应特别与财政部门密切配合，多角度筹措用于绿色信贷贴息等政策的资金，同时避免由中央银行直接提供类财政资金。第三，对绿色技术创新活动，要重点支持。绿色技术创新是实现经济绿色转型的根本保障，能帮助经济在未来摆脱对绿色政策的依赖，但其短期收益有限，因此需要政策的重点支持。第四，避免“洗绿”的非绿色项目骗取各项优惠政策，避免支持盲目扩张、可能过剩的绿色产能。

（本文原载于《中国金融》2021年第4期，有删改）

我国碳中和愿景、实施路径与绿色金融体系建设

王克　王艳华

王克，中国人民大学环境学院副教授；王艳华，中国人民大学环境学院博士研究生

一、我国碳中和愿景

（1）我国碳中和愿景目标

2020年9月，习近平主席在第75届联合国大会一般性辩论上郑重承诺，我国努力争取2060年前实现碳中和，推动疫情后世界经济“绿色复苏”，这是我国在《巴黎协定》之后第一个明确的长期气候目标。此后，习近平总书记多次强调我国正在制定碳中和行动方案，并在气候雄心峰会上宣布我国提高国家自主贡献力度，提出关于2030年减排、发展清洁能源等一系列新目标，主动承担应对气候变化国际责任，为我国碳减排工作确定了阶段性目标和措施。中央经济工作会议、中央财经委员会第九次会议、中央政治局会议等均将有序推进“碳达峰、碳中和”工作作为重要议题，并将“碳达峰、碳中和”纳入生态文明建设整体布局，多措并举推动开展节能减排和应对气候变化行动。我国提出的碳中和目标，与当前的国内外形势密切相关，是统筹国际国内两个大局的重大战略决策。

（2）我国碳中和目标提出的国际背景

根据《巴黎协定》内容，各缔约方承诺“努力将全球平均气温上升限制在工业化前平均温度的1.5摄氏度”。政府间气候变化专门委员会（IPCC）的测算结果表明，若要实现1.5℃目标，那么在2050

年左右全球就要达到碳中和。虽然1.5℃目标已被写入《巴黎协定》，但目前各国提交的自主贡献承诺情景下，到2100年的全球平均温升约为3.11℃，因此，国际社会正在积极讨论更新2015年提出的国家自主贡献（NDC）目标，以推动《巴黎协定》的实现。

我国提出的2060年碳中和，高度契合《巴黎协定》的要求，是全球实现1.5℃温控目标的关键，这是一个非常负责任的目标。《巴黎协定》提请所有缔约方在2020年前提交21世纪中叶长期温室气体低排放发展战略（MCS），以推动全球尽早实现深度减排。我国也正在着手制定MCS战略。2021年4月16日公布的《中美应对气候危机联合声明》中也提出“两国都计划在格拉斯哥联合国气候公约第26次缔约方大会之前，制定各自旨在实现碳中和/温室气体净零排放的长期战略”。这些都展示了我国作为负责任大国的担当，体现了我国作为引领者推动完善全球气候治理的决心，也是我国对构建全球人类命运共同体的重要贡献。

随着《巴黎协定》跨入全面实施阶段，全球开启了气候治理大潮，帮助实现疫情后全球经济的绿色复苏。我国碳中和目标主动顺应了全球绿色低碳发展潮流，提高国家自主贡献力度，为国际社会全面有效落实《巴黎协定》注入了强大动力，推动全球气候治理进程。

（3）我国碳中和目标提出的国内背景

习近平总书记多次强调，应对气候变化不是别人要我们做，而是我们自己要做，是我国可持续发展的内在要求，是主动承担应对气候变化国际责任、推动构建人类命运共同体的责任担当。2020年是我国实现“两个一百年”奋斗目标的历史交汇点，是开启全面建设社会主义现代化国家新征程、构建新发展格局的开局之年。同时，我国抗击疫情已取得阶段性胜利，在全球经济体中，我国的经济复苏情况较好，在“绿色复苏”引领下，我国碳排放的整体趋势已经进入了非常平稳的增长阶段。

我国碳中和目标，是我国顺应并引领未来国际发展潮流、提升我国未来国际地位和竞争力的重要手段，也是助推我国进一步发展转型，实现社会主义现代化目标的重大战略决策。我国提出到2030年前碳达峰、2060年前碳中和，是充分考虑到了我国当前所处的发展阶段和下一阶段发展目标、碳排放未来增长趋势和减排潜力后所做出的决策。截至2020年底，中国碳强度较2005年降低约48.4%，非化石能源占一次能源消费比重达15.9%，超额提前完成哥本哈根气候大会承诺的2020年气候行动目标。按照习近平总书记2020年12月提出的更新NDC目标，并考虑到碳强度下降目标以及非化石能源占比目标，我国在2030年前实现碳达峰的可能性很大，甚至可能提前实现达峰。

碳中和意味着广泛而深刻的社会经济系统性变革，意味着以化石能源为基础的能源体系和相关基础设施的重构，也是重大的利益重组的过程，在技术、经济、社会乃至政治层面都是重大挑战。从碳排放达峰到碳中和，欧盟需要60年左右的时间，美国需要45年，而中国力争30年实现。从碳达峰到碳中和的时间越短，转型压力也会越大。“这意味着中国作为世界上最大的发展中国家，将完成全球最高碳排放强度降幅，用全球历史上最短的时间实现从碳达峰到碳中和。”

（4）碳中和目标的综合效益

碳中和目标意味着我国经济需加速转型升级，提高宏观经济要素效率竞争力，在环境保护和经济增长之间寻求平衡，最基本的还是要深刻理解新的发展观，追求高质量发展，而不是单纯追求经济增长速度。

碳达峰、碳中和目标是经济转型升级的助推器。在这个过程中，高碳污染的产业和企业受到抑制甚至要优先去产能，新兴战略产业将得到长足发展，吸纳大量就业。碳达峰、碳中和为经济转型提供了倒逼机制，为我国提供经济增长的新动能，进一步推动经济结构的调整，将改变各个行业的结构和面貌，拉动新的投资，创造新的就业机会。

我国正在全力推进能源革命，应对气候行动已成为能源技术进步和低碳化发展长足动力。为了实现能源经济深度低碳化，未来10至30年间我国必须加快减少煤炭在能源结构占比的步伐，并且极大提高各个行业的能源效率，全面提高电气化水平。可再生能源领域已成为能源转型的焦点，随着风、光发电领域的迅猛发展，我国有望实现从最大能源进口国向能源出口国的转变，引领全球清洁能源转型。

我国碳中和目标与美丽中国愿景是高度一致的，应对气候行动与大气环境治理具有协同效应。在减碳的协同影响下，我国的空气质量将持续提高，有望于2050年实现全面现代化目标，我国空气质量达到世界标准。

当前，我国已实现经济社会发展与碳排放初步脱钩，基本走上一条符合国情的绿色低碳循环的高质量发展道路，并取得了一系列成就。我国已经实现了全面脱贫目标，连续八年成为全球可再生能源投资第一大国，生态环境质量明显改善，取得了污染防治攻坚战的阶段性胜利。强化应对气候行动，推进碳减排工作，不但不会阻碍经济发展，而且有利于提高经济增长质量，培育带动新的产业和市场，扩大就业，改善民生，保护环境，提高人民健康水平，实现协同发展。

（5）我国实现碳中和目标面临的挑战

未来我国将坚持走绿色低碳发展道路，通过碳达峰、碳中和实现社会经济的整体变革。当然，这个过程中确实面临很大的挑战，需要重视以下几个方面的问题。

首先，社会发展带来的减排压力仍然较大。为了更好地满足人民群众对基础设施和公共服务的需求，城市化进程还在继续推进，人口仍在向城市聚集，一些城市仍处于扩张期，这一阶段还存在较大规模的基础设施新建和城市翻新需求。在这种动态和扩张型的发展阶段，要有效控制碳排放确实存在较大困难，需要找到切实可行的转型路径。我国未来城镇化进程和社会主义现代化建设仍保持较快发展的前提下，将带来大量城镇化基础设施建设和更新需求，尤其是疫情后的经济复苏也需要5G网络、数据中心、特高压等新型基础设施的助力，将导致碳锁定效应，为碳减排带来新的挑战。

其次，能源行业和其他重点减排行业转型难度大。碳排放控制缺少立竿见影的末端治理措施，主要依靠的是源头的结构调整措施，包括经济结构调整、空间结构调整、能源结构调整和运输结构调整等。但结构调整的难度非常大，受到很多要素条件制约，很难短时间内实现重大调整。以电力部门为例，碳中和目标约束下，需加速燃煤发电转型，快速实现电力部门碳达峰并开启排放下降过程。然而，全国现有煤电机组年龄尚不到12年，特高压线路的建设规划核准了一批大型煤电项目，行业短期转型难度较大。

目前碳的减排目标还没有做到有效分解，基础数据不够清晰，目标约束不够严格，存在一定的弹性，配套的统计、监测和核查体系没有完全建立起来。同时碳减排目标和各地区各行业当前的主流发展目标的有效衔接不够，配套的体制机制不够健全，碳减排的指标设定、目标考核、规划编制、措施制定、监督执法等方面有待完善，目前产业部门对碳目标的接受度还不高，内在动力不足。

（6）处理好减排与发展、整体与局部以及短期和中长期三个关系

首先，我国仍然是全球最大的发展中国家，发展还是第一要务，碳中和目标对我国当前的减排工作提出了更高要求，需要加强应对

气候变化的战略定位，达成战略共识，推动新增长路径，实现全面现代化目标与碳中和目标的融合。

其次，实现碳中和目标是一次全社会的系统性变革，首先要求能源、工业、建筑和交通领域最大限度地减排，整体向碳达峰乃至碳中和努力。但各地区、各部门的碳减排路线图并不是完全同步，需尽快制定全国、地方以及行业的中长期低碳发展路线，陆续将减碳目标和方案落实到省、市和产业层面，鼓励发达地区和有条件的行业积极探索碳中和时间目标，为全国2060年之前碳中和创造条件。

碳达峰、碳中和中长期目标，意味着我国经济需加速转型升级，尤其是达峰时间越早越好，从达峰到中和的时间越长，减排压力越小，减排成本也随之降低，这与“十四五”规划及2035年远景目标是高度一致的。“十四五”是疫情以来我国复苏过程中的关键时期，也是“做好碳达峰、碳中和工作”的重要时期，强有力的“十四五”减排将为2030年前碳排放达峰和2060年前碳中和的目标打下坚实基础。

二、我国碳中和目标的实现路径

（1）从近零排放到净零排放

碳中和，即二氧化碳净零排放，二氧化碳排放需通过二氧化碳去除技术达到平衡。从国家层面来看，碳排放降至净零，首先要求能源、工业、建筑和交通等领域最大限度地减排，实现近零排放。推进终端部门电气化和发展循环经济，提高能源效率；构建以可再生能源为主体的新型电力系统，实现电力部门深度脱碳；无法实现电气化或者电气化经济效益不可行的情况下，可利用氢能和生物质能等低碳燃料等。

从我国部门减排贡献来看，不同部门依赖的减排措施有所差异，电力部门更多依赖生物能源与碳捕获和储存（BECCS）等减排技术实现较大幅度负排放；工业部门仍然主要依赖能效提高；建筑和交通部门更多依赖终端能源结构调整，氢能在其中发挥了较大作用。

碳排放降至净零，这要求所有部门实现近零或净零排放，甚至达到负排放。碳中和目标对我国节能减碳工作提出了新的要求，需综合考虑能源革命进程、疫情后绿色复苏、落实《巴黎协定》等多方面因素，明确碳达峰、碳中和的具体时间表，并对电力、工业、建筑、交通等重点减排领域制定各自的时间表，确立跨部门协调减排策略，及时落实减排行动。

国家层面的碳中和目标的实现，首先要求能源、工业、建筑和交通领域最大限度地减排，实现近零排放。同时，少部分排放不能完全避免，一方面可以通过森林、海洋等碳汇进行自然吸收，另一方面需采用额外的固碳或负碳技术等，因此电力、供热和工业等部门还需要更多努力，通过负排放实现额外的碳减排量，上述领域都存在大量的投融资需求，急需绿色金融体系提供支撑，也是金融发展的重大机遇。

（2）实现碳中和目标的根本依托

能源系统转型是实现碳中和的关键，我国正全力推进能源体系革命，努力实现能源经济深度低碳化，这一过程中，提高电气化程度、大力发展可再生能源和提高能效是能源转型的三大主要支柱，支撑我国实现深度脱碳。就全球而言，到2050年，电气化、可再生能源和能效将贡献90%以上的CO_2减排量。

电气化转型使得终端部门通过零碳电力来代替化石燃料，从而显著提高能源供应系统的整体效率。为实现2060年碳中和目标，加强电气化投资，推进终端部门电气化，完善特高压输电和配电网建设，提高对电动汽车充电桩的投资，实现能源系统基础设施现代化。2050年中国各部门终端电气化水平也需要大幅提升，电气化对我国全社会的减排贡献达到22%，对工业部门的贡献为26%，对建筑部门的贡献为65%，对交通部门的贡献为65%。①

电力部门是我国碳排放的主要来源之一，未来我国的能源结构将以电力为主，更多地使用低成本可再生能源技术，在交通运输和建筑行业中也会更广泛地使用电力。提高可再生能源份额，实现向

① 数据来源：中国人民大学与哈尔滨工业大学（深圳）构建的PECE-LIU模型结果测算。

可再生能源主导的电力系统脱碳的跨越式转变，构建清洁低碳、安全高效的能源体系。随着电气化率的不断提升和可再生能源部署规模增长，电力消费与供应趋于稳定。

提高能效是建设可持续能源系统的重要措施之一，如从传统的化石能源炼钢转向采用绿氢炼钢，发展绿色建筑、零碳建筑等。为工业、建筑、交通、服务业等重点领域设立提供能耗和能效目标，加强节能监管，推动多部门走绿色低碳循环道路，加大减排力度。

针对无法减少的少量碳排放，可通过固碳技术解决，如生态固碳、生物能源与碳捕获和储存（BECCS）、直接空气碳捕获和封存（DAC）、增强风化和海洋碱化等。BECCS是目前有效的负排放方式之一，其他负排放技术尚未发展成熟，成本和应用潜力差异较大。因此，当前的碳减排策略应以能效、电气化、可再生能源等为主，负排放技术可以作为补充手段。

（3）我国实现碳中和的时间表

我国初步实现了经济社会发展与碳排放脱钩，截至2020年底，中国碳强度较2005年降低约48.4%，非化石能源占一次能源消费比重达15.9%，超额完成哥本哈根气候大会承诺的2020年气候行动目标。从中长期碳减排工作来看，基于我国能源需求总量、经济发展增速、落实《巴黎协定》等方面综合思考和研判，需制定碳达峰、碳中和的具体时间表。

2021—2030年，我国需统筹疫情防控和经济社会发展等多项因素，排放仍缓慢上升，碳排放力争于2030年前达到峰值，实现碳排放强度较2005年降低65%以上；2030—2040年，随着社会主义现代化建设的推进，进一步降低GDP能源强度和二氧化碳强度，进一步提高非化石能源在一次能源消费中占比等，控制二氧化碳排放总量稳中有降；2040—2050年，能源、工业等领域的主要高碳基础设施（如燃煤发电），进入自然淘汰期，碳总量加速下降阶段，电力部门实现零碳排放甚至负排放；2050—2060年，开展先进负碳技术的应用，比如碳捕获、利用和封存技术（CCUS）、生物能源与碳捕获和储存技术（BECCS）等，碳总量进入持续稳定下降阶段，实现工业、交通、建筑等的零碳排放，努力在2060年前实现整体碳中和。

三、面向碳中和的绿色金融体系建设

（1）传统经济金融体系面临气候转型风险冲击

为实现碳中和目标，能源行业和其他重点减排行业面临重大变革，必然将导致深远影响和连锁反应，需要特别重视其对经济系统带来的冲击。碳中和目标下的环保减排政策如引入碳排放交易机制、提高碳价、提高污染排放标准或其他限制性政策可能导致行业收益下降，造成相关资产价值出现巨幅缩水，并进一步给经济金融带来不确定性的风险。

行业转型面临“碳中和”目标倒逼投资收益递减的压力。碳中和愿景下，高碳行业面临提前淘汰并将带来搁浅资产等问题，且项目投资很大比例来自银行等融资渠道，由此引发系统性的信贷与金融风险的可能性也不能忽视。化石能源或高碳行业投资的变化以及资产搁浅的风险，可能给信贷安全和财政收入等经济指标带来不利影响，关乎行业和地区就业稳定和系统性金融稳定，需要慎重决策，设计好过渡机制，实现公平转型。

需防范气候转型风险，解决好存量高碳基础设施的逐步有序退出，如石油化工、燃煤发电、钢铁、水泥等高碳行业等，保障能源和产品供应安全的前提下，做好转型过程中的监测、评估和调整工作。为高碳行业依赖程度较高地区提供可靠的转型方案，如内蒙古、山西、新疆等地区，尽量降低转型过程中的经济损失，同时解决相关人员就业问题，防范社会不稳定因素的产生。

（2）绿色金融体系将满足碳中和巨额投融资需求，推动低碳技术创新

实现碳中和目标是一次全社会的系统性变革，将倒逼我国经济转型和结构改革，各领域都存在大量的低碳投融资需求，急需金融体系提供支撑。为帮助能源体系实现快速转型，光能源系统的基础设施投资就需要100万亿—138万亿元。其他终端部门电气化，伴随工业4.0等新模式、新业态、新技术、新产品的发展，所需的投资规模也将是巨大的。金融体系将在这一过程中发挥关键作用，以市场化的方式，引导碳中和所需要的投融资支持，满足碳中和所需的巨

量投资需求。

同时，绿色金融体系还将鼓励并引导社会资本和企业等加大对低碳应用领域进行投资，推动低碳技术创新。碳中和目标的实现离不开深度脱碳的关键技术，如可再生能源发电，生物能源与碳捕集、氢能、负碳技术等，低碳技术的资金投入将激发企业和相关机构的研发热情。

（3）面向碳中和，加强风险管理和控制

碳中和除撬动了百亿级投融资需求外，应对气候变化措施都将给不同类型资产价值带来一定影响。我们需要识别不同地区不同类型的资产面临的气候风险敞口，关注碳中和愿景下高碳基础设施带来的搁浅资产风险等。对相关资产进行跟踪评估，加强金融信息基础设施建设，建立风险预警机制，适时调整相关政策措施，加强对风险资产的监督和评估。

因此，气候相关的风险管理和控制将成为未来金融业的重要任务之一，需识别受气候变化以及低碳转型政策影响的资产，评估其风险敞口差异，作为未来开展气候风险管理的重要依据，提供成本最低、风险最小、地区公平的转型扶持措施建议。

（4）碳中和目标下，我国现有绿色金融体系面临挑战

自《生态文明体制改革总体方案》中首次提出构建绿色金融体系，我国已在绿色金融标准、产品等领域取得了长足发展，但与碳中和目标所带来的投融资需求、风险管控要求等相比，尚存在一定

不足。

绿色金融标准体系与碳中和目标不一致。目前绿色金融标准体系主要以传统环境污染物信息为约束条件，对碳排放相关约束的考虑存在不足。中国人民银行修订的《绿色债券项目支持目录》（征求意见稿）中已经开始剔除与化石能源相关的高碳项目，但其他标准并未做出相应调整，对碳排放约束的要求还需进一步纳入绿色金融标准体系中去。

环境信息披露主体和范围不足以支撑碳中和要求。目前，生态环境部已经要求重点排放企业披露环境信息，火电、钢铁、水泥、电解铝等16类重污染行业上市公司定期发布年度环境报告，披露污染物排放情况、环境守法、环境管理等。气候信息披露制度建设需要进一步完善，信息披露范围将继续扩大，实质性环境信息披露质量有待提升，缺乏环境信息核算机制，无法保障环境信息的可靠性、可比性。

碳市场价格机制不完善。从实际的投融资运行机制来看，碳定价机制不完善将导致投资者缺乏低碳投资的内在动力。完善碳市场并建立碳价格机制很重要，需要与金融体系有效衔接。首先，在风险可控的原则下，研究开发与碳排放权相关的金融产品和服务，增加交易品种，扩大交易范围。其次，需要明确碳市场金融属性，明确包括碳排放权在内的环境权益的法律属性及是否可抵质押，以及金融机构、碳资产管理公司等非控排主体的市场准入资格等。最后，需要与金融监管部门合作，参照现行金融基础设施业务规则，把碳配额现货、衍生品及其他碳金融产品均纳入金融监管。

（5）面向碳中和的绿色金融体系建设

绿色金融行业为碳中和领域提供更多的新产品，以满足转型要求，如绿色债券、绿色保险、绿色基金和信贷资产证券化等。银行与其他金融机构需开发适合清洁能源、低碳技术等相关的产品和服务，积极发展能效信贷、绿色债券和绿色信贷资产证券化等融资渠道，鼓励设立绿色基金和转型基金，支持能源和工业等行业绿色和低碳转型的金融产品和服务，满足能源和工业等行业的转型融资需求。

企业环境信息披露是建立绿色金融体系的关键，环境信息披露制度建设还需进一步完善。首先，披露主体层面，先覆盖环境高污染、高排放行业企业，逐步扩大范围至上市企业、大中型企业等，最后过渡到投融资机构等领域；其次是披露什么信息和如何披露的问题，企业必须披露实质性的环境信息，包括主要的排放物，如二氧化碳、二氧化硫、氮氧化物、污水、固废等，并通过环境报告、企业财务年报、官方网站等方式进行；最后，建立环境信息核算机制，保障企业披露环境信息的可靠性、可比性，利用第三方机构等对环境信息进行评价、监督，引导和激励投资者对绿色产业和绿色企业的投资热情。

发挥碳市场的激励和约束机制。碳市场机制形成后，可以通过价格传导，促进环境要素市场形成，逐渐形成碳价格意识，为市场提供长期稳定的碳价格预期，从而影响利益相关者的投资和消费行为决策，推动节能减碳的技术创新和技术应用。当前，我国以电力行业为突破口率先启动全国碳市场，配额总量设定、交易制度、市场监管等方面还需要进一步完善，碳市场的覆盖范围以及交易品种有待进一步扩充。“十四五”期间需要加速碳市场的建设。

绿色金融体系还需要积极面对转型风险。气候变化将对气候敏感行业的存量资产带来风险，应对气候变化措施将对高碳行业的存量资产带来风险。未来金融业的重要任务之一就是管理气候相关的风险。金融行业需要针对不同地区并区分资产类型，识别气候风险，按照气候相关风险水平，建立资产名录，列出最有可能受气候风险影响的资产名称，作为未来开展风险管理的重要依据，并提供成本更低、风险更小的公平转型措施建议。

（6）面向碳中和的绿色金融体系建设路线图

传统绿色金融体系面临气候转型带来的冲击，同时碳中和也为绿色金融体系带来新的发展机遇，带动百万亿元的绿色低碳投资，碳中和实现路径的风险管理和控制等。为更好地支撑碳中和事业稳步推进，有必要规划设计碳中和目标下的绿色金融体系建设路线图。

第一，建立绿色金融激励机制，鼓励金融机构探索碳中和目标下的融资对象、规模、方式等，支持高碳排放行业向清洁、高效、低碳、循环方向转型。充分发挥公共财政资金的引导作用，通过碳金融市场以及绿色金融工具创新，鼓励社会资本等支撑产业转型、能源革命向纵深发展。

第二，开展气候转型风险分析，对高碳资产的敞口及资产规模进行计算和披露，加强银行、金融机构持有的高碳资产管控，披露其持有高碳行业资产风险敞口，如煤炭开采、煤电、钢铁、水泥、化工、铝业等行业的贷款和投资等。

第三，加强ESG管理。ESG投资已经成为全球趋势，企业需建立有效的ESG管理体系，完善ESG数据，定期披露包括碳排放在内的ESG信息，并加强与金融机构及其他投资者以及社会公众的沟通，为企业持续经营创造更和谐的外部环境。

第四，碳市场与金融体系有效衔接。未来碳市场会通过确保配额总量的稀缺性、包含碳金融在内的市场机制设计以及严格的市场监管来使碳价保持在一定水平，从而实现市场主体对市场碳价格的长期稳定预期，并通过有效的价格传导机制实现对企业投资决策的影响，推动企业加强低碳技术与产品的创新。同时也需要加快碳市场的立法进程，进一步明确碳市场的法律基础，以及明晰碳排放权的法律属性，这有利于碳市场在后续引入配额有偿拍卖、开发碳金融产品、链接资本市场等，从而更好地完善碳市场的建设，使得碳市场能够发挥其基本功能。

我国绿色保险的发展及建议

王飞 郑良玉

王飞，中国社会科学院金融研究所副研究员；郑良玉，任职于农银理财有限责任公司

2020年3月5日，国务院总理李克强代表国务院向十三届全国人大四次会议作政府工作报告，在扎实做好碳达峰、碳中和各项工作中，李克强总理提出实施金融支持绿色低碳发展专项政策，设立碳减排支持工具。当前，我国正处于经济结构调整和发展方式转变的关键时期，对支持绿色产业和经济、社会可持续发展的绿色金融的需求不断扩大。在绿色金融市场体系中，绿色金融产品主要包括绿色信贷、绿色债券、绿色保险等。作为推进我国绿色经济发展的重要金融工具，绿色保险是我国绿色金融体系不可或缺的一部分。

绿色保险是指在贯彻绿色发展的理念下与环境风险管理有关的各种保险安排，包括保险风险管理服务及保险资金支持。绿色保险有狭义和广义之分，狭义的绿色保险即环境污染责任保险，是以企业发生污染事故并对第三者造成的损害依法应承担的赔偿责任为标的的商业保险；而广义的绿色保险是指在市场经济条件下，围绕高水平生态环境保护而开展的环境风险管理以及对应资金运用行为的总和。本文尝试总结国内外绿色保险的发展历程与现状，并结合我国发展绿色保险的机遇挑战，提出促进绿色保险发展的政策建议。

一、绿色保险的定位及功能

绿色保险具有保险制度本身存在的经济补偿功能，其重要功能是通过保险机制实现环境风险成本内部化和环境损害赔偿社会化，最大限度地发挥绿色保险对环境污染风险的预防功能，助力解决环境污染损害赔偿、环境承载力退化和生态保护问题，减少气候变化等环境问题对经济社会的冲击，并通过发挥保险的增信功能和融资功能，支持绿色产业投资，参与生态文明建设，从而在加快助推经济社会绿色低碳发展方面发挥正面作用，实现经济社会的可持续发展。具体可细化表述为以下三点。

第一，助力加强环境风险管理体系。开展环境污染责任保险业务是保险业参与企业环境污染风险的重要方式。一方面，保险作为市场化的经济补偿机制，能及时补偿污染受害者的损失，化解环境污染的矛盾纠纷。另一方面，保险可以帮助投保企业应对可能出现的环境污染和损害赔偿支出，稳定企业生产经营，发挥保险费率的杠杆作用及自身的风险管理优势，促进企业提高环境风险管理水平，减少和避免对环境的污染和损害。

第二，增信融资能力日益凸显。我国产业结构转型升级的一个重要方向是绿色化转型，即逐步提高绿色产业的比重，实现产业结构向中高端迈进。绿色产业从投资到获益的运作周期较长，而保险资金较长的使用周期恰好与绿色产业的资金需求有效契合。此外，保险可以发挥信用增进功能，通过降低绿色信贷机构的经营风险，拓宽绿色项目的融资渠道。

第三，促进绿色产业发展。绿色保险可以围绕绿色产业的经营需求提供保险保障服务，化解绿色技术、绿色产品研发过程中的风险，支持企业稳定生产经营，促进环保技术的成果转化。风力发电、光伏发电等新兴产业日常生产经营中的保险风险管理有其特殊需求，例如，在太阳辐照强度不确定等原因导致无法正常发电的情况下，对光伏电站的发电量和经营绩效存在大幅波动的风险，保险机构开始探索研发太阳辐射发电指数保险产品、太阳能光伏电站综合运营保险等，为光伏电站企业因天气等原因导致的潜在收入损失提供保障。

二、国外绿色保险发展的经验

以环境污染责任险为代表的绿色保险起源于欧美国家，目前西方发达国家的环境污染责任保险制度已经基本成熟，并成为社会化解决环境损害赔偿责任问题的重要途径之一。西方发达国家的环境责任险主要包括强制保险和自愿与强制相结合两种模式，前者是以投保相应的环境污染责任保险为准入条件，企业需要按照政府机构制定的标准缴纳保险费后方能开展业务活动，而后者则是在部分环境污染严重、环境风险大的重点行业实行强制责任保险，而对于污染较轻的行业则给予积极引导，促使企业自愿投保。

强制环境责任保险制度国家以美国为代表。美国没有环境责任保险的专门法，但其相关立法中的环境责任保险理念以强制保险为原则。例如，1970年《清洁水法》中要求进入美国水域的船舶必须投保责任险，以缓释石油泄漏造成的水域污染的风险；1976年《资源保全与恢复法》授权美国国家环保局对毒性废弃物的处理、储存或处置制定管制标准，而环保局的行政命令要求企业业主就对第三人的损害赔偿责任、预估的关停费用以及关闭后30年内所可能引发的监测与维护费用必须进行投保。1980年《综合环境反应、赔偿和责任法》允许环保局直接参与污染场地治理，而污染责任方必须履行污染治理责任或对环保局开展的治理工作进行赔偿；同时该法案通过对化学和石油工业征税并以税款设立“环保超级基金”的方式治理污染场地，保障利益受损公众权益。诉讼主体资格方面，美国环境诉讼原告资格不断放宽，《清洁空气法》《水质污染管制法》《噪音管制法》等允许任何公民或公民团体对环境污染者的违法行为向法院发起诉讼。此外，为弥补商业保险的不足，美国于1988年成立了政府主导的政策性环境保险公司作为市场开发的先导。

自愿与强制相结合的环境责任险模式国家以法国、英国等为代表，即以任意责任保险为原则，在法律有特别规定的情况下实行强制责任保险。英国的环境污染责任保险发展于20世纪60年代，相关的环境法律包括第一部现代意义上的空气污染防治法——《清洁空气法案》。但是，除了依据《核装置法》《国际油污损害赔偿民事责任公约》《国际油污损害赔偿基金国际公约》设置的核反应堆事故责任保险和油污损害责任保险外，英国未对环境污染进行强制性保险的要求。同样，作为《国际油污损害赔偿民事责任公约》和《国际油污损害赔偿基金国际公约》成员国，法国也在油污损害赔偿方面采用强制责任保险制度。

总体看，西方发达国家的绿色保险模式虽略有差异，但核心思路却总体一致。具体而言，一是做好顶层设计、建立法律体系，在环境法律法规中明确绿色保险的投保领域、投保方式、激励机制、惩罚措施等；二是实行严格的环境损害赔偿制度，通过高昂的违法成本和赔偿支出促使企业通过绿色保险管理生产经营过程中的环境风险；三是兼顾绿色保险的商业属性和公益属性，在充分发挥市场在资源配置中的决定性作用的基础上，通过成立专门化的保险公司等方式引入政府部门的支持。

三、我国绿色保险发展历程与现状

我国的环境法律法规体系尚不健全，但相关法规逐步从“指导意见”“管理办法”向立法层面发展和过渡。2016年8月，中国人民银行等七部委联合发布的《关于构建绿色金融体系的指导意见》明确指出要发展绿色保险，为发展绿色保险指明了方向和路径。2018年5月，生态环境部审议并原则通过《环境污染强制责任保险管理办法（草案）》，草案提出了从事环境高风险生产经营活动的企业、事业单位或其他生产经营者应当投保环境污染强制责任保险。2020年9月1日起施行的新《中华人民共和国固体废物污染环境防治法》规定，收集、贮存、运输、利用、处置危险废物的单位，应当按照国家有关规定，投保环境污染责任保险，这意味着环境责任险将全面覆盖涉危险废物的企业。

虽然我国尚无全国性的绿色保险法律法规，但各省（区市）通过地方性法规、规范性文件或实施方案等形式，积极推动环境污染责任保险试点工作和绿色保险产品发展，涌现出湖州模式、无锡模式等绿色保险良性发展的区域代表和可再生能源项目保险、天气保险等创新型绿色保险产品。

（一）各地方的绿色保险代表案例

1.湖州模式

湖州是“绿水青山就是金山银山”理念的发源地。2014年成为全国首个地市级生态文明先行示范区，2016年编制全国首张市（县）自然资源资产负债表，2017年入选“绿水青山就是金山银山”实践创新基地。

根据《中国人民银行、发展改革委、财政部、环境保护部、银监会、证监会、保监会关于印发〈浙江省湖州市、衢州市建设绿色金融改革创新试验区总体方案〉的通知》（银发〔2017〕153号），湖州市在推进试验区创建的过程中侧重金融支持绿色产业创新升级，于2018年印发了《湖州市人民政府关于环境污染责任保险工作的实施意见》（湖政发〔2017〕54号），建立环保部门、保险公司、投保企业有机统一的环境污染责任保险协调运作机制，由保险公司委托第三方专业机构对投保企业进行环境体检，并根据环境体检认定风险等级对环境责任险投保企业进行补助，其中对市本级市控及以上企业中的低风险、一般风险、中等风险、较高风险和高风险企业分别按照其当年缴纳保险费的50%、45%、40%、35%和30%进行补助。

2019年，湖州市生态环境局出台《环境污染责任保险风险评估技术规范》，成为国内首个“绿色保险”市级地方标准。该标准包括80项静态风险指标和90项动态风险指标，分五个风险等级。依据该标准，保险公司委托第三方机构为投保企业进行环境体检，根据评估结果确定风险等级并与保费挂钩，实现投保的精准化规范化。2019年，湖州市投保企业166家，保费415万元，保额2.8亿元。

2.无锡模式

2011年，无锡市政府印发《无锡市环境污染责任保险实施意见》（锡政办发〔2011〕48号），按照“政府推动、市场运作、专业经营、风险可控、多方共赢”的基本原则，由无锡市环保局和无锡市政府金融办牵头，通过公开招标的方式确定环境污染责任保险的基本条款、相关行业的基准费率、保险经纪公司、保险共保人和首席承保人。无锡市政府综合各保险公司的服务产品，通过招投标的方式确定由5家保险公司组成共保体，其中首席承保人由中国人寿保险担任。

第三方机构的“专家服务模式”是无锡市环保责任险推广过程中的一个亮点。根据首席承保人的职责，其应当组织专家对投保企业进行环境风险评估。评估报告既是厘定费率的重要依据，也是地方环保部门的环境风险管理台账的数据源头。第三方机构专家服务的优势在于，专家出具的评估表指出了企业容易发生污染的风险环节和对应的整改意见，能够切实地帮助企业补足环境风险管理链条上的漏洞，有效降低风险。

无锡市的环境责任保险推广效果显著。2020年，无锡市环保部门和当地企业用一个季度完成了全年环责险工作56%的任务量，新保和续保企业达1229家，参保企业总数超过2019年，企业参保数量和承保责任限额多年来稳居全国地级市第一。在生态环境部组织开展的“生态环境损害赔偿磋商十大典型案例征集评选”活动中，无锡市“无锡市五冶金属压延有限公司水污染生态环境损害赔偿案”成功入选全国20个优秀案例之一。

（二）创新型绿色保险产品发展情况

1.可再生能源项目保险

可再生能源项目保险是以可再生能源开发和使用过程中的风险为标的的保险，包括光伏项目保险等。2012年10月，英大泰和财险推出国内首个光伏组件25年期保险产品并由山东力诺光伏集团投保，根据保险合同约定，若光伏组件企业倒闭，英大财险可以代替投保企业承担维修和更换问题组件的义务，保障买家利益不受损害。2014年，安邦财险推出国内首单光伏电站运营期损失险，一年后，安邦财险根据投保企业需求推出太阳能光伏电站综合运营保险，该产品为光伏电站企业提供运营期一切险、太阳辐射发电指数保险和营业中断电费收入损失险为一体的综合性企业财产保险，为光伏电站电力输出、营业收入不足风险和极端天气带来的日照减少风险提供全方位保障。

2.天气保险

天气保险，亦被称为天气指数保险，指因天气异常导致企业或个人遭受经济损失后，由保险公司提供赔偿的保险。该保险以指数化气候条件（如气温、降水、风速等）为基础，当指数达到一定水平时由被保险人获得相应标准的经济补偿。天气指数保险可以通过对绿色农业等绿色产业风险的转移，以平抑和分散极端天气带来的气候风险，为企业财产提供经济保障。

人保财险浙江永嘉支公司的茶叶低温气象指数保险以气温数据为理赔依据，保险期内保险茶叶所在区域的气象观测站实测日最低气温达到或低于0.5℃时视为保险事故发生。2017年春，永嘉县共出现4次理赔周期，出现次数31案次，合计赔款金额371040元，62户茶农获得理赔款，赔付率达94.08%。

2017年6月，安信农业保险与慕尼黑再保险及天气科技（北京）有限公司共同推出我国首个全面针对台风的保险并成功出具首张保单，相关合作机构通过台风历史数据进行了30000场台风模拟，基于模拟结果结合气象技术与保险精算技术有效地实现了台风的风险致灾评估。

2018年4月，人保财险广州市分公司设计的蔬菜降雨气象指数保险在广州市花都区落地。在同年6月广州强降水造成农作物倒伏、水浸等灾情后，人保财险向当地气象局核实并取得气象证明，确认降水量触发蔬菜降雨气象指数保险保单规定的赔付标准后，迅速完成了定损和赔付。

3.碳保险

碳保险是以《联合国气候变化框架公约》和《京都议定书》为前提、以碳排放权为基础的碳金融活动的保险，主要承保碳融资风险和碳交付风险，险种包括碳信用价格保险、碳交付保险、碳排放信贷担保相关保险、碳损失保险等。我国首单碳排放权质押贷款项目于2014年9月由兴业银行武汉分行、湖北宜化集团合作完成并落地于湖北碳排放权交易中心，而我国首单针对碳排放权抵押贷款的保证保险业务则出现于四年后。2018年，广州花都长兴纸业以碳排放权作为合格抵押物向建设银行广州花都支行申请贷款200万元，作为该笔贷款的增信措施，花都建行与长兴纸业、广州人保财险合作推出了国内首笔针对碳排放权抵押贷款的保证保险，三方合力创新“碳排放权抵押+资产抵押+保险”贷款融资模式。该保险承保对象属于碳融资风险，险种属于碳排放信贷担保相关保险，是金融机构和工业企业对利用环境权益融资道路的积极探索。

4.绿色建筑保险

建筑行业作为高能耗行业和碳排放的重点行业，是推动绿色发展的突破口之一。为最大限度地实现人与自然和谐共生，世界首个绿色建筑标准于1990年在英国发布，绿色建筑涉及工程项目的全生命周期，既包括新建建筑，又包括既有建筑的性能提升改造工程。对应地，绿色建筑保险则是以市场化手段助力绿色建筑达成预期价值，推动建筑“绿色化”的落地，相关产品依据保险标的可分为绿色建筑星级评价保险、绿色建筑能耗性能保险、绿色项目贷款保证保险等不同类型。2019年4月，北京市朝阳区崔各庄奶东村企业升级改造项目引入绿色建筑保险并由人保财险承保。该项目以绿色建筑为设计理念，致力于建设成为绿色智能生态园区，未来将打造崔各庄国际艺术金融园区。绿色保险将贯穿项目的启动阶段、设计阶段、施工阶段和运行阶段全流程，且在关键节点将聘请第三方绿色建筑服务机构对重要环节和节点进行风险防控，确保标的建筑满足绿色建筑运行评价星级要求。同时，若被保险建筑最终未取得合同约定的绿色运行星级标准，保险公司将采取实物修复和货币补偿的方式履行保障义务。

四、我国发展绿色保险的机遇与挑战

（一）我国发展绿色保险的机遇

1.加强生态文明建设上升为国家战略

我国经济社会发展已经取得了伟大成就，但资源利用效率不高、环境污染严重、生态系统退化等现实情况正在制约经济社会的可持续发展。近年来，生态文明建设和环境保护的重要性日益凸显。国家基本方略方面，党的十八大以来，生态文明建设已被纳入中国特色社会主义事业总体布局，坚持人与自然和谐共生，“绿水青山就是金山银山”，保护生态环境就是保护生产力，改善生态环境就是发展生产力等新思想更是成为了习近平新时代中国特色社会主义思想的重要组成部分。政策法规体系方面，2015年国务院颁布《生态文明体制改革总体方案》，2016年人民银行、财政部和原环境保护部等七部委联合印发《关于构建绿色金融体系的指导意见》，2018年生态环境部审议并原则通过《环境污染强制责任保险管理办法（草案）》；在地方层面，2013年以来，广东、湖北、江苏、贵州等21个省份相继出台了环境污染责任险试点工作的相关指导意见、实施方案或管理办法等。

2.绿色保险将成为环境管理的重要经济手段

随着国家构建现代环境治理体系的推进，运用环境经济手段实现多方联动和环境共治成为必然趋势；同时随着我国绿色产业的发展和传统产业的绿色转型对金融的需求日益强劲，绿色保险作为重要的环境经济管理手段将迎来新的发展机遇。以绿色保险中的环境污染责任险为例，企业作为投保方可在突发污染事故时寻求保险赔付，减少损失，对应地，保险机构也会出于风控考虑密切关注投保企业的污染风险，对投保企业的环境风险管理状况进行评估，并根据该企业环境风险管理水平确定差异化的保险费率。保险费率的变动也会激励企业调整自身的环境风险管理能力，从而明显降低污染事故发生概率，创造社会价值。此外，作为负债端的延伸，保险机构不仅可以提供风险保障，还可以推动绿色标准的制定，对不符合标准的企业可以不予承保，以此倒逼不达标企业向绿色化积极转型。

3.企业的绿色保险投保意识正在增强

随着环境保护的法规日趋完善，政府环保督察的力度也在不断加强。根据生态环境部通报，截至2021年1月25日，第二轮第二批中央生态环保督察受理的群众举报已办结8766件，已罚款超1.8亿元。在环保督察真查处、真整治、真关停、真罚款的行动下，企业在环境保护合规运营方面的诉求明显增长，保护生态环境日益成为企业生产经营的刚性约束。此外，企业环境违法成本和环境事故带来的环境损害赔偿成本不断攀升，企业通过投保来转移环境污染风险的意愿和意识逐步增强。以无锡市为例，自2009年被认定为环境污染责任保险首批试点城市以来，无锡市不断进行环境污染责任险制度的完善工作并基本形成了“立法推动、市场运行、企业参与、专家服务”的模式；在企业参保过程中，除了绿色保险提供的风险保障外，环境风险现场勘查与评估也切实帮助企业发现了环保问题，排查了环境污染安全隐患，提出了环境安全相关建议。

（二）我国发展绿色保险的挑战

1.绿色保险的经营成本高、难度大

由于我国绿色保险业务尚处于行业发展的初级阶段，保险业开启新的险种的经营成本较高、难度较大。一是制度制定和团队搭建的成本较高，体现在需要制定一系列的绿色保险规定，同时需要具备专业的环境风险评估团队；二是风险识别和度量难度较大，体现在不同行业企业以及不同体量企业的环境污染程度或者潜在的环境风险不同；三是环境污染的影响潜伏性和累积性使责任认定存在一定困难，再加之环境污染的历史损失数据缺失，风险概率难以确定，使得保险公司难以大规模推出和承保绿色保险。

由于不同行业的环境风险的差异性、环境风险的不确定性和环境污染成因的复杂性，保险产品定价模型难以有效评估企业生产的真实风险，也导致了环境污染责任险保险费率远高于一般责任险的平均保险费率。2020 年 12 月 7 日，国际环保组织绿色和平发布的研究报告《中国环境污染责任保险问题与分析》显示，2017 年我国环境污染责任险保险费率为 1.03%，但我国一般责任险的平均费率仅为 0.05‰（2019 年数据），环境污染责任险产品性价比有待进一步优化。

2.绿色保险参保主体动力不足，企业投保积极性偏低

绿色保险的实质是企业通过商业化的风险管理手段将生产经营

行为的负外部性风险内化到经营成本中，但是企业的“经济人”属性使其更看重自身的短期利益，对企业行为的环境影响重视度较低，因此企业对于绿色保险的认知仅仅局限于保费带来的成本增长，而鲜有关注绿色保险对企业持续经营的有效助益。实际上，各省市在开展环境污染责任保险试点工作时，企业对绿色保险有效需求性不足表现得格外明显。以云南省为例，云南省在进行环境污染强制责任保险试点工作时将102家试点企业纳入试点名单，但截至2019年1月，仅有39家完成在线环境风险评估填报，8家投保绿色保险，投保率仅为7.8%，保险保障额度仅为3100万元；在云南省生态环境厅公开94家未投保试点企业名单并明确对应投保而未及时投保的试点企业可以采取暂缓审批企业排污许可证核发、年检申请等措施后，投保绿色保险的试点企业数量才提高至87家，保险保障额度同步达到1.97亿元。绿色保险投保企业数量和保费、保额均位居全国前列的深圳市数据也表现平平；深圳市于2018年将1066家企业列入环境污染强制责任保险试点企业名录，截至同年11月末，投保企业数量为766家，保费合计1945.09万元，保险保障额度为11.48亿元。绿色和平的《中国环境污染责任保险问题与分析》报告显示，虽然中国环境污染责任险投保企业数量不断增加，但投保企业的数量占规模以上工业企业的比例仍不足5%。

五、政策建议

我国绿色保险处于发展初级阶段，政府部门、保险机构、各类企业等正在落实绿色发展理念，积极探索符合中国经济社会发展需要的绿色保险体系。基于前文的梳理和总结，本文对促进我国绿色保险的发展提出以下建议。

（一）加强绿色保险相关立法

不同于其他类型的商业保险，绿色保险产品不仅具备风险缓释的功能，其在为企业分散环境风险的同时更大程度上具备公益属性特点。企业的“经济人”特性使其不会主动为了减少自身经济行为的外部性而选择绿色保险。环境保护部、保监会于2017年就《环境污染强制责任保险管理办法（征求意见稿）》公开征求意见后，生态环境部于2018年召开部务会议审议并原则通过《环境污染强制责任保险管理办法（草案）》。该办法虽然至今尚未正式生效，但仍标志着环境污染强制责任保险制度的重大进展，正式出台后将为发挥保险的环境风险治理作用提供强大的法制保障。因此，应当将发展绿色保险纳入国家立法范围，完善环境法律法规中对企业环境行为失责的处罚方式和处罚力度，为绿色保险的广泛推行提供立法保障。通过国家立法凸显绿色保险的强制性，加快研究实施以环境污染强制保险为代表的绿色保险制度。通过立法明确绿色保险投保的领域、方式、惩罚措施等，切实解决逆选择和自主投保意愿不足问题，推进绿色保险规模快速发展。

（二）为绿色保险的推行制定专属财税优惠政策

鉴于目前绿色保险费率高于其他险种以及绿色保险的公益性质和正外部性，建议通过相应的财税激励措施鼓励承保、投保机构的参与和探索更适应投保企业需求的保险产品。保险机构方面，可对环境污染责任保险、农业保险、森林保险等绿色保险保费收入给予免征增值税优惠，同时对保费中存在财政补贴的绿色保险产品，政府补贴部分可免征增值税，从而避免税款征收与财政补贴的相互抵销，激发保险机构开展绿色业务的活力。投保企业方面，可将面向绿色产业提供的低碳环保财政补贴转化为绿色保险保费补贴，利用保费与保额之间的杠杆比率，充分发挥保险机制的放大效应。

（三）建立完善的环境信息披露制度

绿色保险费率测算的前提是参与投保的企业具备完整、透明和真实的环境信息披露，但目前我国企业的环境信息披露情况仍有待改进。以商道融绿《中国的ESG数据披露》中对于沪深300成份股公司对环境指标的披露情况为例，环境指标的平均披露率为40.4%，而环境数据的披露率为35.2%。因此，金融监管部门和环保部门应当探索开展跨部门合作模式，制定环境基础数据和信息的披露标准并定期收集、持续积累，建立和完善环保部门与保险公司的数据共享机制，健全环境信息公共数据平台等绿色保险基础设施，充分利用环境污染、环境损害、节能减排、污染损害赔偿等数据和云计算、大数据、人工智能等信息处理途径，为绿色保险产品的创新研发、费率核定、承保理赔、风险评估、损失测算提供数据支持。

（四）推进绿色保险与其他绿色金融工具协同发展

以绿色保险与绿色信贷的协同可行性为例；绿色信贷作为商业银行支持绿色金融的重要抓手，是最重要的绿色金融工具之一。由于对企业环境风险的综合评估能力不足，当企业抵押品不足值或无第三方担保时，商业银行在控制信用风险敞口的约束下发展绿色信贷的额度有限，且绿色信贷产品定价可能明显高于真实信贷风险要求的溢价水平。绿色保险除了在保险标的发生保险事故时履行赔偿或给付责任外，还可以引导银保双方构建权责对等的市场化协同机制，借助保险业丰富的应用场景和银行业广泛的客户基础发行增信绿色信贷的保险产品，通过“保险+信贷”的方式整合风险管理资源，从而既能有效降低商业银行开展绿色信贷的风险，也可为企业产业链提供综合环境风险管理，有效扩大对绿色金融的承载能力。

行业篇

环境、社会和治理基金发展的国际经验与中国实践

王志峰　熊婉芳

王志峰，腾讯金融研究院副院长、首席研究员；熊婉芳，腾讯金融研究院实习生、华中科技大学经济学院博士研究生

2020年9月22日，习近平主席在第75届联合国大会上庄严宣布，中国在2030年前碳达峰和2060年前碳中和。在全球应对气候变化进程中，这是一个里程碑事件，是对人类命运共同体的一个巨大贡献。过去十年，全球碳排放量复合增速为1.4%，我国增速为2.5%，快于全球平均水平。2019年全球二氧化碳排放总量达342亿吨，我国排放量达98亿吨，占全球排放量近30%，已成为全球碳排放量最大的国家，完成"30·60目标"无疑是艰巨的任务。

从全球来看，绿色金融是实现碳达峰、碳中和的重要手段。中国人民银行已确立了"三大功能""五大支柱"的绿色金融发展政策框架，相关绿色金融政策陆续出台，极大推动了绿色金融相关领域的发展，将成为未来碳中和政策落地的主要着力点。比如，2020年末，我国绿色贷款余额近12万亿元，连续多年位居世界第一；绿色债券累计发行约1.2万亿元，位居世界第二。除此之外，环境、社会和治理基金（ESG基金）、绿色保险和碳金融等创新产品不断涌现。

欧洲、美国和亚洲的日本等地区的ESG基金相对较为发达，我国ESG基金初具规模，截至2021年2月底，中国已有13家公募基金管理人成为联合国责任投资原则组织（UN PRI）的签约机构。华夏、嘉实、富国、汇添富和工银瑞信等推出了以低碳/绿色/环保/ESG等为主题的基金产品，各种上市公司ESG评级方法、ESG基金产品策略涌现。截至2021年6月，市场已有超过100只ESG概念类公募基金，基金净值规模超过1000亿元人民币。但受制于上市公司ESG信息披露覆盖不全、各家评级机构数据库不统一、评级分类方法不明确等现状，目前各参与方标准并不统一。本文对国内外ESG基金的发行设立、披露要求、政策法规与评定标准等情况进行了系统梳理和对比分析，提出优化国内ESG基金发展的政策建议。

一、国内外ESG基金的政策法规与信息披露要求

目前，各国官方大多没有对环境、社会和治理（ESG）基金进行明确定义。联合国责任投资原则组织（UN PRI）将负责任投资定义为：将ESG因素纳入投资决策和积极所有权的一种投资策略和实践。负责任投资是对传统的财务分析和投资组合构建技术的补充。国际上一些评级机构和投资机构将ESG评级纳入其投资指标之中，且对ESG基金/ESG投资的定义较为明确，表1中列举了几个有代表性的机构对ESG基金的定义。总体而言，各机构给出的定义本质上无太大区别。其中，中国的基金披露公告中，提到ESG的情况很少，更多提到的是“环保产业”“绿色产业”等，或是对本基金所遵循的环保指标的定义。

表1　各大机构对ESG基金的定义

机构	ESG（基金）定义
晨星	如果该策略在其招股说明书或其他监管文件中被描述为关注可持续性、影响或环境、社会和治理（ESG）因素，晨星将这一项策略定义为“可持续投资”。该分类并不衡量晨星如何评价基金的可持续策略的有效性。
MSCI	ESG投资是一个术语，通常与可持续投资、社会责任投资、使命相关投资或筛选同义。在MSCI ESG研究中，将其定义为在投资决策过程中对环境、社会和治理因素以及财务因素的考虑。
卢森堡证券交易所	ESG基金按照特定的投资选择策略，将环境、社会和治理（ESG）因素纳入其投资决策和过程。
荷宝资管	ESG基金是一种股票和/或债券的投资组合，其环境、社会和治理因素已被纳入投资过程。这意味着基金中的股票和债券已经通过了对公司或政府在ESG标准方面的可持续发展程度的严格测试。
富达	富达将可持续投资定义为一种将ESG因素融入研究和决策的投资方法。评估对特定行业和公司具有重要意义的ESG因素，可以帮助评估一项投资的可持续性。

资料来源：晨星、MSCI、卢森堡证券交易所、荷宝资管官网、富达官网、华泰证券研究所。

（一）国际ESG基金相关政策法规

1.国际ESG基金监管政策

当前，各国都在从宏观经济政策及金融政策等方面推动ESG理念的实践。以欧盟为例，欧盟委员会作为宏观经济政策驱动者，在可持续发展议题下推动了一系列法律和监管变革。2014年，欧盟发布了《非财务报告指令（NFRD）》并于2018 年生效，要求符合特定条件的上市公司和金融机构规范披露关于环境、社会和雇员、人权、贿赂和腐败等方面的非财务信息。2018年3月通过的《可持续发展融资行动计划》(*Action Plan: Financing Sustainable Development*，以下简称《行动计划》）被称作欧盟的可持续金融发展战略。《行动计划》涵盖十项行动要点，列在第一位的行动要点是为可持续性的经济活动建立一个欧盟分类体系，分类哪些活动可被认为是“可持续性的”，即明确具有环境可持续性的经济活动类型。

2019 年6 月，欧盟委员会发布《欧盟可持续金融分类方案》(以下简称《分类方案》)，实现了对可持续性经济活动的分类，且还在持续公开咨询和修正中。《分类方案》要求相关经济活动须有助于实现六大环境目标包括气候变化减缓、气候变化适应和污染防控等，且相关经济活动还要遵循对一个或多个目标有“ 实质性贡献”（Sub- stantial Contribution）和“ 无重大损害”（Do No Significant Harm）原则。《分类方案》不仅为投资者和企业提供了一个识别环境友好、可持续发展的经济活动的实用工具，也为政策制定者和金融监管者提供了一个标准性工具，从而更好地规范绿色金融发展，有效防范“洗绿”风险，推动欧盟可持续发展目标和应对气候变化目标的实现。

2. 国际可持续基金评定标准

在可持续基金评定标准方面，当前欧盟在SFDR的推动下处在发达国家的领先地位，也是在制定全球标准方面最有进展的主体。原因在于，欧盟已经落实了强制披露要求和标准，而其他机构推出的标准仍主要是自愿性的。2020年，欧盟《关于建立促进可持续投资框架的条例》已正式推出，其重点就是建立一个统一的标准以确定一项投资在多大程度上可被认为是环境可持续的，对67项经济活动拟定了技术筛选标准，和对环境有重大贡献的经济活动、对环境无重大危害的经济活动以及最低保障要求经济活动设置了绩效阈值，这也是全球可持续金融监管方面的重要进展。

2020年以来，为实现《巴黎协定》中确定的可持续发展目标，欧盟对其可持续金融监管框架开展了一系列的大范围改革（2018年提出的“可持续金融行动计划”，EU Sustainable Finance Action Plan），以实现推动资本更多流向可持续活动的宗旨。新框架由三个核心法令构成：《可持续金融信息披露条例》、扩展后的《基准条例》和《分类法条例》（见表2）。

表2　新框架内容

法令	出台/生效时间	主要内容
《可持续金融信息披露条例》（SFDR）	出台：2019年11月27日 生效：2021年3月10日	对上市公司、基金管理人及财务顾问均提出了ESG信息强制披露要求，并确认了各主体披露的标准与细节。

续表

法令	出台/生效时间	主要内容
《基准条例》修订（Benchmark Regulation）	出台：2019年6月	建立两类气候基准：欧盟气候过渡基准（EUCTB）和欧盟巴黎调整基准（EUPAB）。
《分类法条例》（EU Taxonomy）	出台：2019年12月 修订：2020年3月	建立一个统一的标准来确定一项投资在多大程度上可被认为是环境可持续的，对于67项经济活动拟定了技术筛选标准，对于对环境有重大贡献的经济活动、对环境无重大危害的经济活动以及最低保障要求经济活动设置了绩效阈值。

（二）国内ESG基金相关政策法规

就中国内地而言，2017年以来，中国证券投资基金业协会发起并开展了ESG专项研究，积极推广、倡导ESG理念。目前国内签署UN-PRI的金融机构不断增多，如华夏基金（2017年3月）、易方达基金（2017年4月）、嘉实基金（2018年4月）、南方资管（2018年6月）、鹏华基金（2018年7月）、中国人寿（2018年11月）、博时基金（2018年11月）、国寿资产（2018年11月）、华夏银行资产管理部（2019年3月）等。截至2020年底，中国已有13家公募基金管理人成为PRI的签约机构。信用评级机构中，大公、中诚信国际、东方金诚等也相继签署了PRI关于信用评级中的ESG声明。

2018年6月起，A股正式纳入MSCI新兴市场指数和MSCI全球指数。为此，MSCI公司需对所有纳入的中国上市公司进行ESG研究和评级，不符合标准的公司将会被剔除。此举无疑推动了国内各大机构与上市公司对ESG的研究探索，随着我国上市公司不断适应MSCI国际ESG评级，我国上市公司的ESG意识加强，对ESG评级的重视和信息披露水平得到提升，MSCI对我国上市公司ESG评级结果正在不断提高，CCC级别的公司正在不断减少。我国早期与ESG相关的监管文件主要集中在对环境保护的信息披露等方面（见表3）。

表3　中国ESG相关监管文件

时间	相关披露
2003年	原环保总局发布《关于企业环境信息公开的公告》，要求重点污染企业披露5类环境信息。
2007年	发布《环境信息公开办法（试行）》，明确强制公开环境信息的标准。
2014年	出台的《环境保护法》，以法律形式对公司披露污染数据、政府环境监管机构公开信息提出明确规定。
2015年9月	国务院发布的《生态文明体制改革总体方案》第45条首次明确提出“要建立我国的绿色金融体系”。
2015年12月	中国人民银行发布《绿色债券支持项目目录》公告、国家发改委发布《绿色债券发行指引》，强调地方政府应积极引导社会资本参与绿色项目建设。

续表

时间	相关披露
2016年8月	中国人民银行联合七部委发布了《关于构建绿色金融体系的指导意见》，是首个政府主导的较为全面的绿色金融政策框架，对绿色金融的发展给出了顶层设计。
2017年12月	中国人民银行和证监会联合发布《绿色债券评估认证行为指引（暂行）》，进一步推动我国绿色债券市场的制度体系。
2019年初	商务部发布的《对外投资合作国别（地区）指南》中特别提出了要将绿色发展理念贯穿“一带一路”建设中，这与ESG的核心理念（“环境”因素）不谋而合。

就中国香港而言，香港ESG基金监管政策。2018年3月，香港品质保证局正式推出“绿色金融认证计划”，为绿色金融发行者提供第三方认证服务。作为计划等一部分，香港证监会发布绿色与ESG基金信息披露指引，对其投资策略信息披露提出了要求。如果一只绿色或ESG基金采用的是筛选策略（screening strategies）或主题投资策略（thematic investment strategies），那么它必须要向证监会证明其至少70%的资产是投资于符合相关筛选（无论正面还是反面）标准或主题标准的证券。而如果一只绿色或ESG基金采用的是其他策略，如ESG整合（ESG integration）或影响力投资（impact investing），那么必须就这些策略向证监会进行具体披露。

可持续基金评定标准。此外，香港证监会还要求，所有绿色或ESG基金必须在名称和投资目标或策略中披露采用的是哪种或哪几种全球公认的绿色或ESG标准。认可的标准包括：联合国全球契约原则（United Nations Global Compact Principles）、联合国可持续发展目标（United Nations Sustainable Development Goals）、减缓气候变化融资共同原则（Common Principles for Climate Mitigation Finance Tracking）、国际资本市场协会的绿色债券原则（Green Bond Principles of the International Capital Market Association）、气候债券倡议组织的气候债券分类法（Climate Bonds Taxonomy of the Climate Bonds Initiative）。

（三）ESG基金信息披露要求

1.国际通行的ESG信息披露准则

ESG评价体系主要涉及三方面：各国际组织和交易所制定关于ESG信息的披露和报告的指引、各评级机构对企业ESG的评级和国际主要投资机构发布的ESG投资指引。ESG信息的披露是前提条件，ESG评估提供了评级的方法论，而ESG投资是基于ESG披露和ESG评估的实践。

目前，许多国际组织对ESG理念发布了多种框架和指引。例如，国际标准化组织的ISO26000社会责任指引、全球报告倡议组织（GRI）的可持续发展报告指引、联合国责任投资原则协定、OECD的公司治理指引、多国企业指导纲领，以及可持续发展会计准则委员会（SASB）等。其中，全球报告倡议组织（GRI）是全球使用范围最广的ESG评价机构，其不仅发布可持续发展的披露指标和内容，还对指南定期评估，供机构高效编制可持续发展报告。可持续发展会计准则委员会（SASB）目前为10个领域的80多个行业制定了可持续会计准则，为美国上市公司提交至证券交易委员会的强制性档案中进行披露时做参考。

此外，联合国贸发会议（UN-CTAD）、环境规划署金融行动（UNEP-FI）、责任投资倡议组织（UN-PRI）和全球契约（UNGC）等，在2009年共同发起了可持续证券交易所倡议（SSE），旨在通过各国主要交易所发布ESG相关原则和指引，提高ESG的信息披露程度，对金融市场可持续发展提供有益的助力。

目前，包括联合国责任投资原则（PRI）机构等国际组织发布了多项ESG信息披露标准（见表4），其中，联合国责任投资原则和可持续发展报告指引对ESG信息披露标准具有广泛的参考价值。

表4　国际ESG信息披露准则

机构或组织	ESG信息披露标准	发布或修订时间	主要内容和宗旨
联合国责任投资原则机构（UN PRI）	联合国责任投资原则（PRI）	2006年	首次提出ESG理念和评价体系，帮助投资者做投资决策时遵循ESG议题的相关标准，鼓励企业在经营过程中遵循并践行ESG的要求，创造企业长期价值。
联合国环境规划署金融行动机构（UNEP FI）			
联合国全球合约机构（UN GC）			

续表

机构或组织	ESG信息披露标准	发布或修订时间	主要内容和宗旨
国际标准化组织（ISO）	ISO 26000社会责任指引	2010年11月1日	首次将企业社会责任推广到社会责任，为组织履行社会责任提供指导原则。
全球报告倡议组织（GRI）	《可持续发展报告指南》	2013年5月	为企业可持续发展报告的披露内容和形式提供一套标准体系。
经济合作与发展组织（OECD）	《OECD国有企业公司治理指引》	2015年	为各国评估和改进本国公司治理法律制度和监管框架提供原则性指导。
可持续发展会计准则委员会（SASB）	相关会计准则	2018年11月7日	针对特定行业代表性企业的可持续问题造成的财务状况提高应对指导，帮助企业实现长期的价值创造，帮助投资者做出明智的投资决策。

资料来源：公开资料整理。

2. ESG基金披露的公司层面要求

《可持续金融信息披露条例》（以下简称《条例》）在基金公司层面和单个产品层面均对基金公司等金融服务提供商提出了ESG信息披露标准。公司层面上（见表5），《条例》要求以网站形式对外披露可持续信息，且形成了以“PAI”（“主要的可持续性不利影响”）为核心的披露体系，其中强制性披露的包括9项环境指标、5项社会指标、2项主权或超国家指标以及2项房地产投资指标，此外还有若干备选指标。要求披露的频率是按照季度披露（每年至少四次）。

表5　基金公司ESG信息披露要求

法令或规定	生效时间	主要内容
Sustainability-related Disclosures	2021年3月10日生效 2021年6月底NFRD（非财务报告）指令规定的企业[①]需要强制披露相关PAI政策 2021年6月底强制应用PAI指标体系披露	须在网站披露： （1）确定、评估和处理不利于可持续性的主要因素的政策，或关于不考虑这些因素及其原因的声明； （2）将可持续性风险纳入投资决策过程的政策； （3）公司遵守的任何可持续领域国际标准； （4）公司的薪酬政策如何与可持续发展保持一致； （5）公司的哪些产品或服务可以推动可持续发展。
Shareholder Rights II	2020年9月3日生效	在网站上披露参与和投票政策，包括如何对公司进行监督，以及年度声明，包括如何执行政策和上一年的投票行为，以及对关键或重要投票的解释。
Taxonomy	2021年12月30日生效	须就其披露与《分类法条例》的一致性做出说明。

① NFRD指令涵盖的公司指员工人数超过500人的涉及公共利益的公司，共计约6000家大型公司和集团，包括上市公司、银行、保险以及国家主管部门指定为公共利益实体的其他公司。

续表

法令或规定	生效时间	主要内容
MiFID II，IDD，UCITS and AIFMD（ESG amendments）	预计2022年第二季度生效	（1）记录产品与客户ESG偏好相匹配的客户类型，以及产品与之不匹配的客户群体； （2）记录如何将可持续性风险纳入风险管理政策。

基金公司“PAI”信息披露包含（部分）如下方面：

（1）温室气体排放：根据《城市温室气体核算国际标准》（GPC），温室气体排放范围一指发生在城市边界内的直接温室气体排放；范围二指在城市边界内消耗的电网电力、区域供暖/冷等二次能源而产生的间接温室气体排放；范围三指由于城市边界内的活动而产生的、但发生在城市边界外的其他所有间接温室气体排放。

“碳足迹”：温室气体排放量计算方法：

$$\sum_{n}^{i}\left(\frac{\text{特定公司投资的当前价值}_i}{\text{被投公司总价值}_i}\times\text{被投公司的温室气体排放量}_i\right)$$

其中，被投公司总价值指在财政年末，普通股的市值、优先股的市值、总债务和非控制性权益的账面价值之和，不扣除现金或现金等价物。

“碳足迹”计算方法：

$$\frac{\sum_{n}^{i}\left(\frac{\text{特定公司投资的当前价值}_i}{\text{被投公司总价值}_i}\times \text{被投公司温室气体排放量}_i\right)}{\text{全部投资当前价值}}$$

被投资公司的温室气体排放强度计算方法：

$$\sum_{n}^{i}\left(\frac{\text{特定公司投资的当前价值}_i}{\text{全部投资当前价值}}\times \frac{\text{被投公司温室气体排放量}_i}{\text{被投公司总营收}_i}\right)$$

（2）投资化石燃料部门公司情况，投资中化石燃料部门公司价值占比。化石燃料部门公司指：①从勘探、开采、提取、分配或提炼硬煤和褐煤中获得任何收入的公司；②从勘探、提取、分配（包括运输、储存和贸易）或提炼液体化石燃料中获得任何收入的公司；③从勘探和提取化石气体燃料或其专门分配（包括运输、储存和贸易）中获得任何收入的公司。

（3）可再生能源[①]消费与生产占比：被投资公司对于可再生能源和非可再生能源的消费结构。

（4）对气候有高影响的部门[②]的能源消耗强度：被投资公司单位活动、产出或任何其他指标的能源消耗量占该被投资公司总能源消

① 可再生能源定义见Directive（EU）2018/2001 of the European Parliament and of the Council of 11 December 2018 on the promotion of the use of energy from renewable sources（recast）（OJ L 328 21.12.2018，p. 82）。

② 高影响气候部门分类见Regulation（EC）No 1893/2006 of the European Parliament and of the Council of 20 December 2006 establishing the statistical classification of economic activities NACE Revision 2 and amendi ng Council Regulation（EEC）No 3037/90 as well as certain EC Regulations on specific statistical domains（OJ L 393，30.12.2006，p. 1）。

耗量的比率。

（5）废水排放：被投资公司每百万欧元投资产生废水排放吨数，在组合层面按各公司头寸加权平均。

（6）危险废物比率：被投资公司每百万欧元投资所产生的危险废物吨数，在组合层面按各公司头寸加权平均。

3. ESG基金信息披露要求：产品层面

《可持续金融信息披露条例》带来的最重要改变，就是其要求对所有欧洲基金产品实行三分法：能够促进环境或社会可持续性的产品（“浅绿”产品，由SFDR的条款8定义）、以可持续投资为目的的产品（“深绿”产品，由SFDR的条款9定义）、其他产品。其中，“深绿”产品需要其所有投资公司均符合可持续投资定义（欧盟《分类法》对公司活动的可持续性做了定义），“浅绿”产品允许组合中部分投资不符合。到2021年底，所有的基金产品均要求在其募集说明书中即以标准格式说明其所属类别，如果属于“浅绿”或“深绿”产品应详细说明其ESG发展目标、使用哪些指标来衡量目标进展、对应的基准是什么等问题，并在定期报告中披露这些指标的实际情况（见表6）。《基准条例》和《分类法》为基金产品的以上信息披露提供了统一的标准。“浅绿”和“深绿”产品对照的基准必须符合《基准条例》，否则须给出详细说明。对于被投资公司的可持续性，须参照欧盟《分类法》的定义。

表6 “浅绿”和“深绿”产品的ESG信息披露要求

募集说明书披露要求	定期报告披露要求
1.披露所属投资种类：以可持续投资为目的、能够促进环境或社会可持续性、其他。 2.产品参考的基准是否以可持续为目标的基准？（必须按照《基准条例》的定义） 3.用什么可持续性指标来衡量该金融产品所倡导的环境或社会特征的实现情况？ 4.投资策略：（1）实现可持续发展目标对产品投资策略带来了哪些约束？（2）如何评估被投资公司的可持续治理？	1.评估当期可持续指标的实现情况，并与此前时期作对比。 2.披露期内持有权重最高的15个公司的所属行业、权重、名称等信息。 3.组合中可持续投资的比重：（1）需解释可持续投资如何贡献可持续目标；（2）需考虑“PAI”（“主要的可持续性不利影响”）。 4.组合参考的基准与市场其他指数的差异、组合与基准走势的对比、组合与市场整体走势的对比。

二、国内外ESG基金的发行设立

（一）国际ESG基金发行设立情况

在国际政策和市场实践的共同推动下，近年来国际上ESG投资快速发展。据国际可持续投资联盟（GSIA）统计，2018年全球纳入ESG因素的投资资产总量为30.7万亿美元，约占全球资产管理总量的26%。整体上，在全球ESG资产中，欧洲占据主导地位，美国次之。ESG逐渐成为欧洲的主流投资理念，全球一半以上的ESG资金来自欧洲。指数基金是欧洲、美国ESG投资的主要形式之一。全球责任投资资产规模统计如表7所示。

根据全球可持续投资联盟2018年发布的报告，截至2018年底，全球可持续投资资产管理规模达到30.7万亿美元，其中欧美投资占据主导。从基金规模来看，海外市场目前ESG主题公募基金存量规模13195.91亿美元，共2506只基金产品。地区上主要集中在欧洲、美国和日本。截至2020年末，A股泛ESG主题投资目前规模只有1833.28亿元人民币。A股ESG主题投资的落后与我们对面向未来企业的认识差异有关，同时我们的ESG标准也与国际上有一定差异。

表7 2014—2018年全球责任投资资产规模

（单位：10亿美元，%）

	2014	2016	2018	年复合增长率
欧洲	10,775	12,040	14,075	6
美国	6,572	8.723	11.995	16
日本	7	474	2180	308
加拿大	729	1,086	1699	21
澳洲/新西兰	148	516	734	50
合计	18,231	22,890	30,683	15

数据来源：全球可持续投资联盟（GSIA）

此外，各地区可持续投资规模占总资产管理规模比例除了欧洲呈现小幅下降外，其他地区占比均上升。其中，加拿大、澳大利亚以及新西兰地区占比已超过50%（见表8）。欧洲地区近年来可持续投资占比下降，可能是由于欧洲近年来实施了更为严格的可持续投资认定标准所致。

表8　2014—2018年全球责任投资资产规模占总资产管理规模比例

（单位：%）

	2014	2016	2018
欧洲	58.8	52.6	48.8
美国	17.9	21.6	25.7
加拿大	31.3	37.8	50.6
澳洲/新西兰	16.6	50.6	63.2
日本		3.4	18.3

数据来源：全球可持续投资联盟（GSIA）。

从基金细分主题来看，2018年，欧洲ESG跨部门基金资产规模约占责任投资资产管理总规模的86%，这与欧洲以被动式ESG指数和ESG ETF产品作为主要投资方式有关。单主题基金（专注于环境、社会或公司治理其中某一领域）仅约占2018年总资产管理规模的14%。主题基金中，环境投资仍然占据主题基金的最大份额，约占主题基金总规模的63%。

根据彭博数据，截至2021年2月，全球ESG基金中资产规模排行前10的基金如表9所示。总体而言，欧洲和美国等地区的ESG基金规模较为庞大。2020年，欧洲、美国被动ESG ETF可持续基金增长速度最快，欧洲2020年发行的ESG ETF几乎是2018年发行的2倍规模。2020年全年，欧洲ESG ETF的资管规模达到了904亿欧元，较2019年的380亿欧元增长了138%，ESG ETF的资金净流入为428亿欧元，占到了欧洲ETF全部净流入（1027亿欧元）的近42%，在欧洲ETF资管总规模中的占比，也从2019年的4.2%，增长到了8.6%。

表9　全球前10 ESG基金规模（截至2021年2月4日）

Bloomberg代码	基金名称	国家	资产规模（百万美元）
CLAMEON FP Equity	AMUNDI CASH INST SRI–I CAP	法国	26711.60
PRBLX US Equity	PARNASSUS CORE EQUITY–INV	美国	23227.32
ESGU US Equity	ISHARES ESG AWARE MSCI USA	美国	13653.07
PFLGMSI LX Equity	PICTET–GB MEGATREND SEL–IUSD	卢森堡	13548.80
VFTAX US Equity	VANGUARD FTSE SOC INDX–ADM	美国	10797.90
1591 JP Equity	NOMURA NEXT F JPX NIKKEI 400	日本	10497.51
AMUSIFP FP Equity	OPCIMMO–PREM OPCIMMO	法国	10303.07
VGREMEA LX Equity	VF–MTX SUST EM MK L–AUSD	卢森堡	10041.96
CPRTREI FP Equity	CPR MONETAIRE SR–I	法国	10041.10
PIROIUS LX Equity	PICTET – ROBOTICS–I USD	卢森堡	9317.47

资料来源：Bloomberg。

（二）国内ESG基金发行设立情况

中国的ESG主题基金市场也已初具规模。众多大型基金管理公司相继推出ESG主题的基金产品。据Wind数据，目前中国市场已有约100只ESG概念类公募基金，基金净值规模超过1000亿元人民币（见图1）。我国ESG概念类基金以主动管理型的偏股型基金为主，债券型基金在2017年实现了零的突破。首发第一只专门投向绿色债券的债券型绿色基金，至今仍是唯一一只债券型基金。被动指数型基金从发行支数和规模上占比较低（见表10）。从主题类别上，得益于过去五年中国政府在环境保护和绿色发展领域推出的一系列扶持政策和监管要求，我国ESG概念类基金中绝大部分是以环保、绿色、可持续、低碳等为主，而真正运用ESG筛选、整合等专业策略的基金屈指可数，相关的投研评估方法和工具也尚不成熟。目前明确以ESG命名并使用ESG投资策略的基金仅有7只，全部为2019年以后成立（见表11）。

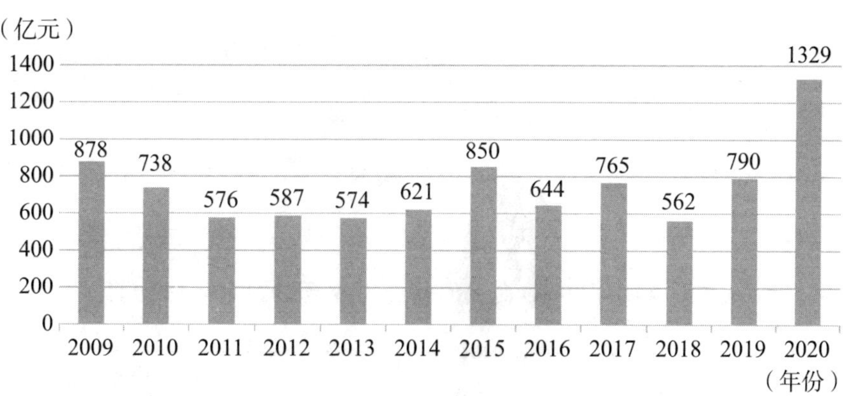

图1　中国ESG概念类公募基金规模（截至2020年12月）

数据来源：Wind。

表10　我国不同类型ESG基金发行情况

基金类型	股票型/偏股混合型	混合型	债券型	指数型	ETF
支数	33	12	1	6	7

数据来源：Wind。

表11　我国不同主题类别ESG基金发行情况

主题类别	环境	社会责任	公司治理	ESG
支数	44	5	3	7

数据来源：Wind。

虽然近年来ESG基金在中国发展较快，但较之欧美，中国ESG基金市场在规模和投研实践方面尚有一定差距。目前，中国的ESG主题基金规模不足股票型基金和混合型基金总体市场规模的2%，而这一比例在欧洲高达15%。由于我国上市公司ESG信息披露制度还不完善，上市公司披露的ESG信息在数量、质量等方面与国际成熟市场相比存在较大差距，同时缺乏相对统一并符合中国市场特点的ESG评价标准和体系，我国ESG基金投资实践仍处于起步阶段。

表12　我国以ESG命名的基金（截至2021年4月20日）

序号	成立日期	基金名称	基金类型	最新规模（亿元）	成立以来收益
1	2021/3/16	浦银安盛ESG责任投资	偏股混合型	24.1	–0.4%

续表

序号	成立日期	基金名称	基金类型	最新规模（亿元）	成立以来收益
2	2020/7/16	摩根士丹利华鑫ESG量化先行	偏股混合型	10.8	9.5%
3	2020/12/30	创金合信ESG责任投资	股票型	0.1	-3.3%
4	2020/12/28	方正富邦ESG主题投资	偏股混合型	2.2	5.1%
5	2019/12/19	南方ESG主题	股票型	15.7	68.4%
6	2019/9/2	易方达ESG责任投资	股票型	7.8	88.8%
7	2019/8/21	华宝MSCI中国A股国际通ESG	指数型	0.33	46.4%

数据来源：Wind。

从投资策略上看，ESG基金从环境（E）、社会（S）和公司治理（G）三个维度对上市公司进行评估，并纳入投资决策中。国际上通常将ESG因素通过三种方式纳入股票投资策略：整合法、筛选法和主题法。我国目前ESG概念类基金投资策略绝大多数采取主题法和筛选法，将ESG因子纳入估值模型并采取整合策略的产品较少。

三、三大问题制约我国ESG基金发展

（一）缺乏明确的ESG定义

与国际ESG基金标准相比，我国ESG基金仍缺乏明确的定义标

准。虽然我国ESG概念类公募基金投资标的定位为绿色、低碳、可持续、新能源、节能等环保产业领域的上市公司，但仍缺乏与国际接轨的评价标准。投资组合的资产配置比例不固定，且由于缺乏ESG评价标准，实践中多数基金仍主要考虑公司的盈利水平，缺乏对上市公司绿色贡献度的评价和测算，导致基金实际“含绿量”不高，提高了市场“洗绿”风险。因此，亟须对ESG基金的认定标准、投资范围、募集资金使用、投资运作以及信息披露等行为进行规范，出台相应ESG基金指引，促进市场发展。此外，不同的资产管理公司有自身的ESG评价体系，难以形成市场共识，对投资者而言，对比不同的绿色基金存在困难，因此ESG信息披露标准不一致也可能对投资者产生误导。在市场的诉求之下，没有统一的信息披露系统的现状也会使上市公司产生更高的成本，因为在某一主题上，上市公司可能需要多次披露。

（二）缺乏口径统一ESG信息披露标准

当前，国内头部基金管理公司在此基础上推出了以低碳/绿色/环保/ESG等为主题的基金产品，各种上市公司ESG评级方法、ESG基金产品策略涌现。但受制于上市公司ESG信息披露覆盖不全、各家评级机构数据库不统一、评级分类方法不明确等现实，目前各参与方的标准并不统一，在一定程度上影响到绿色基金的持续健康发展。美国和欧盟等地区相关政策要求上市公司披露环境、社会和治理信息，但内地还未强制要求上市公司发布ESG信息。资产管理公司在设计ESG基金产品时，会产生对上市公司的ESG信息的诉求。

若信息披露标准不一致，则ESG信息口径问题可能会造成资产池中证券的评分不可比，这对资产组合构建和ESG基金的评级会造成不利影响。同样地，欧盟ESG基金监管体系高度依赖上市公司底层数据披露的完整性与标准化程度。基金管理人要想向投资者充分报告，就必须高度依赖公司披露有关其可持续性成就和目标的详细信息，同时，财务顾问要想将客户的可持续性偏好与合适的可投资产品相匹配，就需要基金管理人提供高质量的、尽可能一致的信息。尽管《分类法》预留了到2022年才要求上市公司披露符合前两个目标（“减缓气候变化”和“适应气候变化”）情况的时间窗口，但要想让各公司以一致标准披露成本仍较大。一是不同公司对于营业额和资本支出有不同的会计处理方法；二是部分细节《分类法》并没有确认，比如公司与六个可持续目标相关度较低的活动如何界定，并如何将其与可持续活动区分开的情况，目前仍待细化和确认；三是《分类法》的规定部分要求强制执行，部分只是建议执行，例如，如果一项经济活动与六个目标中的多个相关，那么应优先分配给哪个目标，目前《分类法》建议是选择涉及目标中创造营业额最多的一个目标，但公司有自己的选择标准。

对比之下，中国的ESG信息披露也存在类似问题。目前，我国上市公司ESG信息主要有两个来源，一是上市公司通过定期发布自己的社会责任报告，披露自身的ESG信息；二是第三方评级机构通过收集相关信息，对上市公司ESG表现进行评级。首先从范围上看，并非所有上市公司都会披露社会责任信息，难以根据上市公司自身披露的ESG信息进行全范围的比较；其次从内容来看，上市公司披露的社会责任信息涵盖的内容、格式和规范等也不尽相同，因此即使只针对已披露社会责任信息的上市公司进行ESG水平的比较，也存在不客观情况。不仅如此，我国监管机构针对上市公司披露ESG信息的标准较为宽松，上市编制的ESG报告（社会责任报告）遵循的标准不统一，没有强制要求上市公司对自身ESG信息进行第三方审核。这将导致其披露的ESG内容和报告格式等存在差异，客观上增加了获取和比较上市公司ESG水平的难度，降低了上市公司自身披露ESG信息的可信程度。

（三）缺乏清晰的ESG基金规则

首先，我国ESG基金投资起步较晚，当前相关政策不够完善，已经对我国ESG投资创新产生了制约作用。当前，部分国家（地区）已经进入了强制上市公司披露ESG信息的阶段，我国仍然处于强制性披露和鼓励性披露并存的阶段。我国披露ESG信息的上市公司数量在增加，但是仍然有较大比例的上市公司未披露自身ESG信息，这为投资者评级上市公司增加了难度。

其次，ESG基金的定义较宽泛。首先，美国证监会（SEC）仅在其官网中对ESG基金作出了仅限于定性的、较模糊的说明，并未对ESG基金所包含的具体内涵（E、S、G维度的具体元素）进行详细的说明，也没有一个被市场所接受的统一定义。其次，官方尚未提出对ESG基金的评级方法，导致不同的基金可比性差。由于没有明确的评级方法，导致在监管和市场之间的博弈中，成本往往由投资者承担，比如可能出现绿色基金实质不“绿”的情况，导致投资者的投资目标和风险不匹配，出现投资决策失误。最后，法律如《（投资）顾问法》和《投资公司法》也没有对ESG基金的监管提供具体的指引。ESG基金注册时通常会根据适用于一般基金注册的条款和SEC的要求进行审查，ESG基金发行后证监会成立专门小组会对ESG基金进行再度审查。SEC会根据自身关注的点要求基金公司提供相应的材料，并在基金的募集书和年度报告中披露一些信息，但相关法律并没有对ESG基金的监管作出具体的要求。

四、政策建议

首先，自上而下，建立相对统一清晰的分类标准对绿色金融规范、可持续发展至关重要。证监会审查工作小组将聚焦于审查ESG投资方法和实践。根据2021年4月9日美国证监会审查工作组发布的与ESG投资有关的风险提醒（Risk Alert），对相关部门工作人员将聚焦于审查基金公司的ESG投资方法和实践，重点是ESG基金投资组合管理，包括审查ESG术语的使用、尽职调查和ESG相关的披露；与基金表现有关广告和营销，包括审查根据ESG框架和营销材料所形成的监管文件、网站和报告；合规程序，包括复核ESG投资步骤和流程。

目前证监会的ESG基金指引虽然披露了对ESG基金的定义，但不同的ESG基金信息披露仍存在较大差异。例如，对于ESG基金所具体采用的ESG策略，部分符合信息披露的绿色或ESG基金并未披露，证监会也未对这些基金所采用的投资策略、投资过程、投资管理及业绩是否达到号称的绿色或ESG标准进行验证，更不代表这些基金获得了证监会的“绿色”或“ESG”官方推介。因此，需要官方自上而下地来推动ESG信息披露机制。

其次，加强上市公司ESG信息披露。为了更好地指导企业提高披露质量和数据可比性，监管机构需要制定统一ESG信息披露的相关制度和指导意见。监管机构可以参照全球报告倡议（GRI）等国际组织的指导意见，并将其纳入针对中国企业的特色维度；为了增加上市公司披露ESG信息的可靠性，监管机构应该鼓励企业对自己的ESG披露进行审计，更高质量的ESG披露和表现可以帮助提高中国企业在全球投资者心目中的可信度和价值；为了增强上市公司ESG信息的可获得性，建议公开所有上市公司披露的ESG数据。鼓励ESG金融产品创新。政策上鼓励投资者将ESG信号纳入他们的投资决策，增加金融产品的多元化。从资产所有方来说，建议将经理人的ESG举措，作为管理人才选拔的标准之一。

最后，加强上市公司ESG评级的落地实施。首先，中国统一标准，在充分考虑本国的实际情况的基础上主动与国际接轨，并且结合中国国情特点做出适当修订，以一定的强制性帮助所有企业建立起ESG的发展理念。解决上面的困局，除了需要政府推动和产业牵引外，还可以考虑将ESG作为落实碳达峰目标的重要抓手。ESG即环境（Environmental）、社会（Social）和治理（Governance）。从企业层面，把ESG融入生产和管理的过程中，可以帮助企业有计划地组织和实施转型战略；ESG可以在产业链上对污染和排放的源头企业产生压力，迫使它采用新技术或进行新技术的研发；ESG从投资人教育的角度，在更长期的投资期限上达到投资和收益的匹配。其次，要让基金公司认识到ESG投资可以形成正循环，ESG主题符合未来经济发展方向，能够获得更好的回报。履行ESG投资可以让自己成为越来越多投资者和影响力投资者的关注对象，让股价取得更好的表现并容易获得有ESG意识的国内和海外投资者的融资。从产业发展的角度，对进行有利于减排和降污的技术研发企业给予碳排放的减免额度，以支持一些重污染、高排放企业主动投资技术更迭。

生产要素向低碳领域显著倾斜

赵建勋　别　智
兴业银行绿色金融部

习近平主席在第75届联合国大会上向全世界宣示中国2030年前二氧化碳排放达峰和2060年前实现碳中和的新气候目标。自此，我国生态文明进入以降碳为重点战略方向、减污降碳协同增效、促进经济社会全面绿色、低碳转型的关键时期。以低能耗、低污染、低温室气体排放为特征的低碳经济，成为实现“30·60目标”的必然经济发展模式。

市场经济条件下，市场对资源配置起决定性作用。生产要素的合理配置、优化组合、创新驱动对经济发展产生重要影响。低碳经济环境下，生产要素在创新变革的同时，不断驱动经济的低碳发展。低碳技术、人才、资金、物资等生产要素的创新和应用具有显著的低温室气体排放环境保护价值，需要在碳排放总量和强度受约束的低碳经济环境中才能转化为经济价值。许可的碳排放越稀缺，相同生产活动的碳排放量越少，低碳技术、低碳产品创新和应用的经济价值就越高。因此，低碳经济的发展天然需要强有力的低碳制度、产权制度规范市场主体的经济行为，降低市场交易的成本，提高资源的配置效率。如何创新制度安排，保障市场通过价格、竞争和供求机制，科学确定碳减排的市场价值，推动碳减排正外部性的内部化，引导更多的生产要素向低碳转型，充分发挥市场的资源化配置作用，提升低碳活动的经济绩效，是推动低碳经济市场化运行的根本，重要而紧迫，值得深入研究。

改革开放40多年以来，生产要素向低碳领域倾斜呈加速趋势，经济绿色、低碳发展成效斐然。本文简要介绍了低碳经济的概念及相关经济学理论，梳理了生产要素向低碳领域倾斜的进展，汇总了部分发达国家促进低碳经济发展的政策法规、市场机制、绿色金融产品和服务等良好实践，提出了生产要素促进低碳经济发展的思考和建议。

一、基本理论

低碳经济模式下的经济增长，是在自然环境系统最大可承载二氧化碳当量这个刚性约束下展开的，追求以生态保护为前提的经济适度、高质量增长，以及提高人民的生活质量、获得感、幸福感。低碳经济涵盖低碳能源、低碳产业、低碳技术、低碳生活等多种经济形态，旨在促进人类的可持续发展，是能源消费方式、经济发展方式和人类生活方式的一次全新革命，也是从以化石燃料为特征的工业文明走向生态文明的又一次巨大进步[①]。发展低碳经济是全球可持续发展的必然选择，也是中国加快生态文明体制改革，实现中华民族永续发展和构建人类命运共同体的必由之路。

低碳经济把温室气体承载量当作全球所共有的、具有稀缺性的公共资源，将其纳入经济运行中，参与分配和定价。低碳经济与高

① 肖林. 低碳经济与新的发展模式——肖林研究员在上海交通大学的讲演［J］. 公关世界，2010（4）.

碳经济的主要区别在于通过制度安排，将生产生活活动伴随的温室气体排放外部性[①]内部化。具体而言，低碳经济需要改变传统高碳经济生产方式中社会成本大于私人成本的问题，使外部成本内部化；需要改变低碳经济生产方式中社会成本小于私人成本的问题，使外部收益内部化，最终实现生态保护和经济增长的均衡[②]发展。在低碳经济模式下，通过向大气过度排放，给社会带来负外部性，获得经济利益的主体必须让渡一部分利益；通过减少向大气排放温室气体，给社会带来正外部性，增加经济成本的主体可以获得一部分经济补偿。为实现低碳经济体系下，经济体之间兼顾生态环境影响的利益分配规则，必须建立一套与低碳经济相适应的强有力的低碳法律制度、产权制度规范市场主体的经济行为，降低市场交易的成本，提高资源的配置效率。

低碳经济背景下资源配置的制度安排主要包括：碳排放权分配

① 外部性指经济中一些主体的经济活动影响其他个体的经济活动，是一种成本或效益的外溢现象。当外部性存在时，经济主体在进行经济活动决策时所参考的价格信息，既不能准确反映其全部的社会收益，也不能准确反映其全部的社会成本。因此，经济主体依照失真的价格信号所做出的行为决策，将导致资源不能有效配置。外部性导致市场损失效率的根本原因在于没有一个市场来交换制造外部性的权利。低碳经济活动具有很强的外部性，因此，外部性理论是分析低碳经济的重要理论。

② 一般均衡理论（General Equilibrium）给出了低碳经济背景下资源配置效率的评价标准，经济增长理论提供了低碳经济背景下经济增长与环境保护之间的平衡发展方案。

和交易制度、低碳技术研发的产权①制度、低碳金融制度、低碳产业制度等（见图1）。其中，碳排放权的分配与交易制度是基础，低碳技术的知识产权制度是核心，低碳产业制度是关键，低碳金融制度是保障②。上述这些制度分别是人才、技术、资金、物资等生产要素低碳转型，以及向低碳领域配置的制度保障。

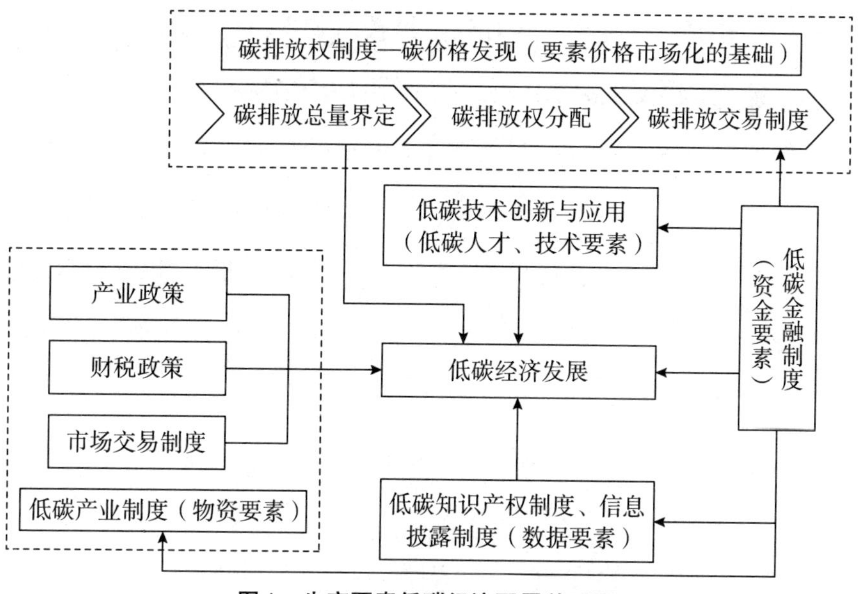

图1　生产要素低碳经济配置关系图

① 产权的界定由科斯（1960）提出。科斯认为能否有效解决外部性取决于所有权是否清晰界定，只要产权清晰，交易双方谈判的结果将使外部性生产活动达到最优，无须政府干预。科斯定理包括两个断言：一是科斯中性定理（Coase Neutrality Theorem），无论所有权如何配置，外部性水平都是相同的；二是科斯有效性定理（Coase Efficiency Theorem），对外部性的自愿谈判将导致帕累托最优结果。产权主要具有降低不确定性、激励与约束、外部性内部化、资源配置四种功能。低碳经济背景下，产权界定能够帮助碳排放权分配与交易制度的建立，最大限度地减少交易成本，有效地配置和使用社会资源，促进经济增长。

② 徐庆：《低碳经济背景下资源配置的制度安排》，上海财经大学，博士学位论文，2013。

2017年，党的十九大报告确定要素的市场化配置是经济体制改革重点之一。要求“实现产权有效激励、要素自由流动、价格反应灵活、竞争公平有序、企业优胜劣汰”。2020年，中共中央、国务院印发了《关于构建更加完善的要素市场化配置体制机制的意见》，提出推进土地要素市场化配置、引导劳动力要素合理畅通有序流动、推进资本要素市场化配置、加快发展技术要素市场、加快培育数据要素市场、加快要素价格市场化改革等重大举措。

接下来，本文将对主要生产要素的低碳转型，以及对低碳领域的支持情况进行逐一分析。本文还特别站在金融的视角，对绿色金融支持各生产要素的低碳转型的方式，以及相关要素对绿色金融的影响进行了专门的介绍。由于低碳经济下，政策规制天然起到对外部性内部化的保障作用，因此，本文未对低碳规制设置专门章节讨论，而是分散在主要生产要素章节中介绍。

二、碳价格的发现——碳排放权交易市场

（一）碳排放权交易市场概况

全国碳市场制度指政府为落实碳排放控排目标，设定一定时限（履约周期）内全国碳市场及其控排企业的碳排放总量控制目标，以碳排放配额的形式初始分配给控排企业，强制控排企业在履约周期

结束时必须向政府清缴与其实际碳排放量等量的配额。全国碳市场以配额价格为信号，鼓励减排成本低于配额价格的控排企业更多地减排，并将富余配额出售获得经济激励。实际排放量多于初始分配配额量的控排企业，或减排成本高于配额价格的控排企业，通过购买配额完成配额清缴，从而有效降低控排企业实现减排目标的成本①。因此，可有效界定碳排放权交易市场产权，通过交易形成定价，从而把外部性内部化，将其定义为一种以碳排放总量控制为目标，基于市场机制优化成本效益的碳减排工具。此外，碳市场还具有倒逼能源消费结构和产业结构低碳化，引导资金、技术创新支持低碳经济的功能。

国际碳行动伙伴组织（ICAP）研究显示，过去15年，全球碳市场呈强劲增长态势。截至2021年1月末，全球共有24个运行中的碳市场。另外有8个碳市场正在计划实施。目前全球碳市场覆盖了全球16%的温室气体排放，这些正在运行的碳市场的司法管辖区占全球GDP的54%，全球将近1/3的人口生活在碳市场覆盖的地区。目前，全球碳市场覆盖的排放占全球温室气体的比例，已扩大至2005年碳市场建立之初的三倍。在全球的碳市场中，欧盟碳市场建立最早，覆盖国家最多，可总结的经验也最多。

欧盟碳市场（EU-ETS）建立于2005年，是全球最早的碳交

① 张昕.以碳达峰、碳中和为引领　深化建设全国碳排放权交易市场［J］.中国生态文明，2021（2）.

易体系，覆盖30个国家，控排量约占欧盟温室气体排放总量的45%。回溯欧盟碳市场过去15年的运行，对欧盟碳减排的贡献如下：首先，碳市场机制下，欧盟国家的碳排放量呈逐年显著下降趋势。前三个履约周期[①]，欧盟碳市场的碳排放量以年均1.4%的速度下降，2020年温室气体排放比碳市场启动的当年至少低20%。其次，碳市场助推优化欧盟能源结构。在欧盟碳排放交易体系的约束下，欧盟的能源结构不断低碳化。过去10年间欧盟煤炭生产量下降了32%，石油生产量下降了29%，天然气生产量下降了44%，至2020年底欧盟初级能源消耗仅占世界的11%，与此同时，风能、水能、光能等可再生能源快速增长，欧盟的电力供应由此迅速地向多样化清洁能源转变，其中可再生能源发电比例上升到60%，超过煤炭和核能成为最大的发电来源，电力部门成为欧洲最早脱碳的行业。最后，碳市场助推欧洲绿色投融资的发展。国际碳行动伙伴组织（ICAP）的统计数据显示，2009年以来，欧盟在碳市场筹集资金超过660亿欧元，这些资金投入了由欧盟资助的气候项目中。近期，欧盟碳市场的碳价创历史新高，释放出清晰而强烈的碳价上涨信号，碳市场筹集资金的能力将进一步增强。

中国的碳市场。2011年，国家发改委发布《关于开展碳排放权交

① 欧盟碳市场规定控排企业以四年为一个履约周期，控排企业必须在该时间窗口完成减排目标。

易的通知》，在北京、天津、上海、重庆、湖北、广东和深圳开展首批碳排放权交易试点，2021年7月16日，全国碳排放权交易市场启动。覆盖超过40亿吨二氧化碳排放（约占中国碳排放量的40%），成为全球最大的碳市场，初期覆盖的是发电行业。在发电行业碳市场稳定运行的基础上，市场覆盖范围将逐步扩大至石化、化工、建材、钢铁、有色、造纸、航空等行业。目前，中国地方试点碳市场继续保持运行。在未来一段时间，这些试点碳市场预计将与全国碳市场并行运行，而与全国碳市场交叉重叠的控排企业将逐步纳入全国市场。

与国际碳市场相对照，我国碳市场建设仍有诸多机制尚待完善。

一是全国统一的碳排放权交易市场相关制度层级低，监管规则、统计制度、披露要求等细则尚不明确。2021年5月，生态环境部印发了《碳排放权登记管理规则（试行）》《碳排放权交易管理规则（试行）》和《碳排放权结算管理规则（试行）》，在《全国碳排放权交易管理办法（试行）》的基础上进一步明确了登记、交易、结算的具体规定，为湖北和上海下一步制定具体的操作细则提供了方向和政策依据。

二是如何形成一个相对稳定且能产生足够激励效应的碳价格仍有待探索。在此前各地试点过程中，各地碳价并不统一，差异较大。全国碳市场推出后，需探索改变此前交易不充分、定价偏低且不稳定等问题。只有确保碳价格产生足够的激励，且保持相对稳定，才能对长期投资、科技创新起到引导作用。

三是碳市场联通机制等问题。未来，是否要推动中国碳市场价格与国际主流碳市场价格趋同，如何做好中国企业减排成本与企业竞争力之间的平衡等，还需要深入的研究。

（二）碳价格

碳价格是通过碳市场交易发现并确定的，它是将经济活动对外部的环境影响内部化为经济影响的关键。碳价格是经济活动中衡量碳排放对经济影响的价值尺度。2010年以来，全球碳交易价格总体呈增长趋势（见图2）。与国际相比，中国碳排放交易试点的碳价总体处于全球碳市场价格的低端水平，部分试点碳市场的价格发现能力还比较弱（见图3）。

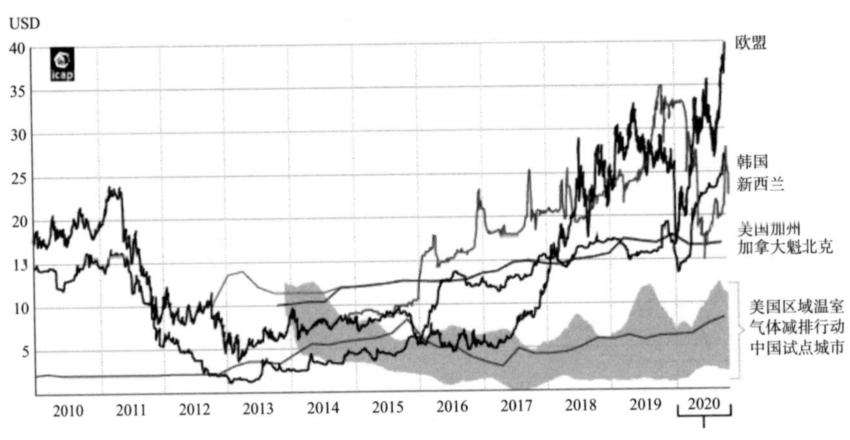

图2　全球主要碳市场价格走势

资料来源：ICAP全球碳市场进展2021年度报告。

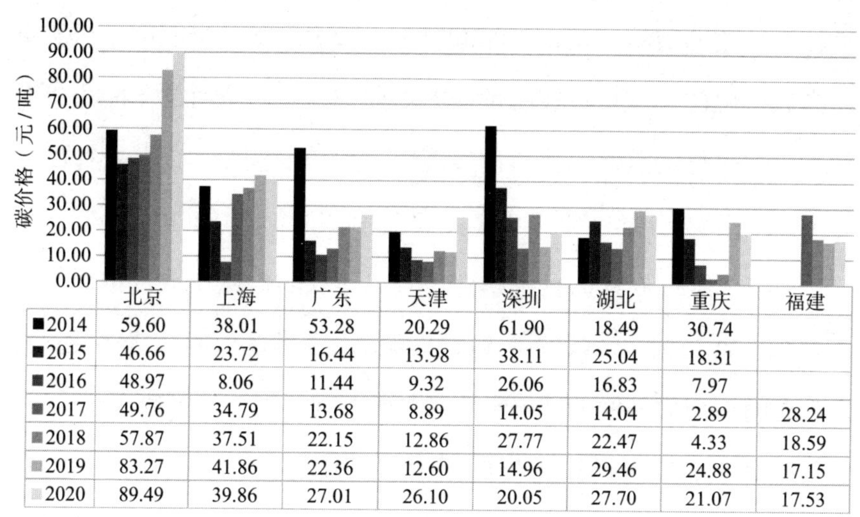

	北京	上海	广东	天津	深圳	湖北	重庆	福建
2014	59.60	38.01	53.28	20.29	61.90	18.49	30.74	
2015	46.66	23.72	16.44	13.98	38.11	25.04	18.31	
2016	48.97	8.06	11.44	9.32	26.06	16.83	7.97	
2017	49.76	34.79	13.68	8.89	14.05	14.04	2.89	28.24
2018	57.87	37.51	22.15	12.86	27.77	22.47	4.33	18.59
2019	83.27	41.86	22.36	12.60	14.96	29.46	24.88	17.15
2020	89.49	39.86	27.01	26.10	20.05	27.70	21.07	17.53

图3　中国区域碳市场价格走势

资料来源：中国碳交易网，前瞻产业研究院整理。

（三）思考和建议

1. 完善法律法规。全国碳市场建设应尽快推动出台《碳排放交易管理暂行条例》，明确全国碳市场碳排放总量控制目标与责任，配合国家碳排放总量控制目标，设立全国碳市场碳排放总量控制目标并逐渐收紧，保持碳减排目标和相关政策的相对稳定性，强化重点排放单位履约责任，加大对违约违规企业单位的处罚力度，使全国碳市场切实起到控制碳排放总量的作用。

2. 科学确定配额总量目标及配额分配方案。（1）明确碳减排中长期路径，制定可行的年度减排计划。在此基础上，明确碳市场对每年减排计划的贡献率及相应配额目标。（2）配额分配制度是压实重点排放单位碳排放总量控制责任的重要抓手。配额有偿分配可更有效、公平地推动重点排放单位实现碳排放总量控制，充分发挥配额有偿分配指引配额价格的作用，有效控制碳交易市场风险。

3.明确碳排放权的金融属性。（1）建议明确碳排放权担保物权设定和抵押登记。建议完善《民法典》中碳排放权的法律属性，特别是对可否出质等问题进一步予以明确，同时颁布碳排放权抵（质）押管理条例，规范碳排放权抵（质）押融资活动。明确金融机构、碳资产管理公司等非控排主体的市场准入资格。（2）建议全国统一动产融资登记系统中增设碳排放权等环境权益的抵押登记和征信系统。与全国碳排放权注册登记系统、交易系统和商业银行通过统一接口实现信息共享及交互查询；建立涵盖抵押登记人、抵押登记内容、信息核验、登记公示、信息查询、各方权责等内容的环境权益抵押登记制度。

4.建议尽快建立企事业单位温室气体排放信息披露制度。目前，金融机构资产组合缺乏温室气体排放信息。现阶段很难获得客户准确的温室气体排放信息。一方面，应立即建立企事业单位温室气体信息披露制度，按照企业温室气体核算与报告国家标准，统计并披露企事业单位的温室气体排放信息；另一方面，金融机构将温室气体管理水平及风险纳入授信管理全流程，通过授信前尽职调查和贷后检查，尽快完善授信客户的碳排放信息。并在此基础上开展碳排放情景分析和压力测试探索，逐步开展资产组合的碳减排工作。

三、低碳技术要素

（一）低碳技术要素发展概况

低碳技术创新是实现低碳经济的关键手段，突破性的低碳技术是推动行业节能减排的强劲引擎。低碳技术进步通过优化能源结构和降低能源强度两种途径实现碳减排。低碳技术大体上分为三大类：无碳技术、减碳技术、固碳技术。其中无碳技术，是一种从源头上对二氧化碳排放进行控制的技术，通过减少含碳能源的使用，实现对二氧化碳等温室气体的减排，例如太阳能、风能、水能、潮汐能、地热能、生物质能、核能、氢能等清洁能源技术。减碳技术，是一种在过程中控制二氧化碳排放的技术，实现生产消费使用过程中的低碳，满足低排放、低污染、高效能的目标，主要包括煤、石油、天然气等常规能源的高效、清洁利用；智能电网技术、热电联供技术、高效火力发电技术、新一代半导体元器件开发技术、以及高效节能型建筑技术等。固碳技术，是一种从末端进行治理的低碳技术，比较典型的就是二氧化碳捕获、封存及利用技术，目的是降低大气中碳含量，理想状态是实现碳的零排放。过去20年，低碳技术创新取得重大突破，技术经济性显著提升，技术要素低碳化的趋势明显，主要特点如下。

一是低碳技术的资金投入持续增加。根据国际能源署（IEA）对全球能源技术投入的统计，2010年以来，全球企业在能源领域的研发投入保持年均4.4%左右的增幅，2019年末增长至924亿美元（见图4）；2014年以来，全球政府等公共部门在低碳能源领域的研发预算保持年均3.7%的增幅，2019年末增长至254亿美元（见图5）。其中，美国、欧盟、中国、亚洲及大洋洲国家政府在低碳能源领域预算居前。

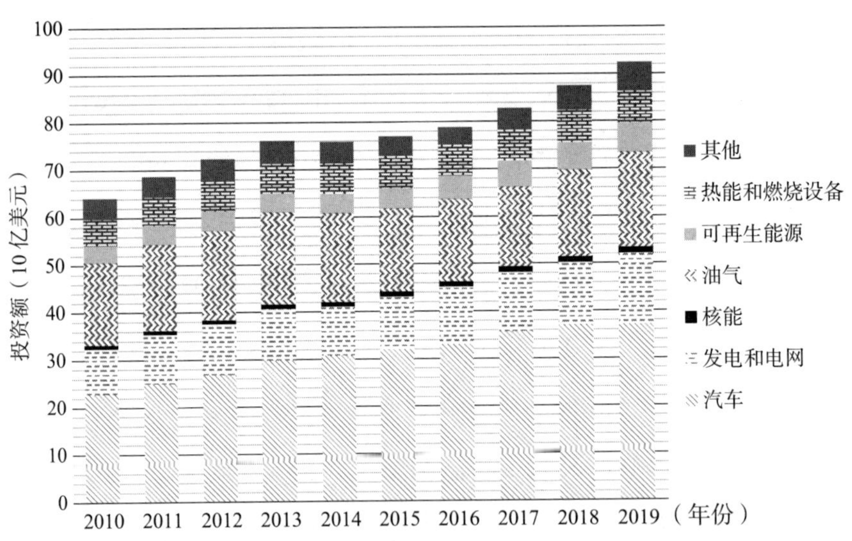

图4　2010—2019年全球企业在能源领域的研发投入

注：其他包括CCUS、电能存储、保温、照明、其他化石能源和智能系统。

数据来源：IEA，Global corporate R&D spending in energy-related sectors，2010-2019，IEA，Parishttps://www.iea.org/data-and-statistics/charts/global-corporate-r-and-d-spending-in-energy-related-sectors-2010-2019。

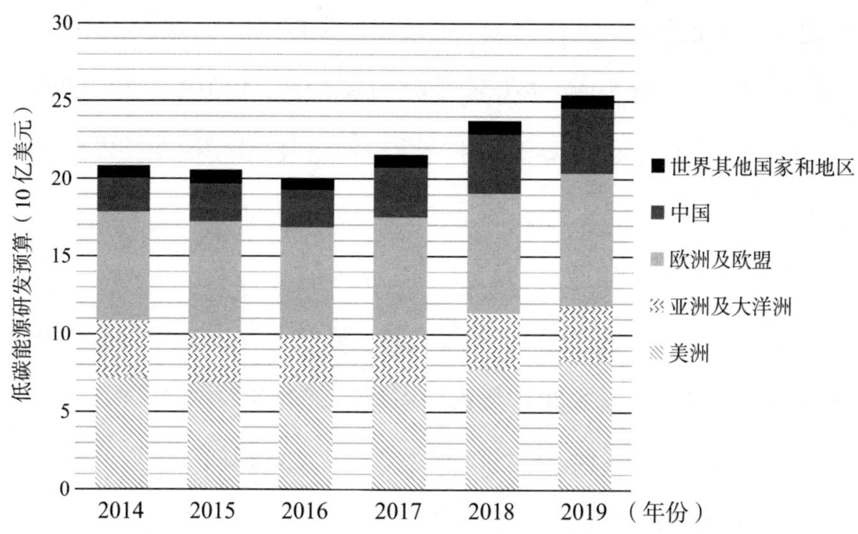

图5　2014—2019年全球公共部门低碳能源领域研发预算

资料来源：IEA，Global public low-carbon energy RD&D budget，2014-2019，IEA，Paris https：//www.iea.org/data-and-statistics/charts/global-public-low-carbon-energy-rd-and-d-budget-2014-2019。

二是关键低碳技术的研究不断推进。加强深度脱碳技术研发和产业化，积极应对全球碳中和导向下国际经济技术竞争。实现长期碳中和目标需要技术创新的支撑。欧盟提出2035年前要完成深度脱碳关键技术的产业化研发，拜登也计划在氢能、储能和先进核能领域加大研发投入，其目标是将氢能制造成本降到与页岩气相当，电网级化学储能成本降低到当前锂电池的1/10，小型模块化核反应堆建设成本比当前核电成本降低一半。日本在可再生能源制氢、储存和运输、氢能发电和氢燃料电池汽车领域都具有优势，其目标是将氢能利用的综合系统成本降低到进口液化天然气的水平。根据欧洲专利办公室统计，2000年以来，全球企业已在低碳能源领域申请了42万多个知识产权。自2017年以来，全球低碳能源技术相关专利数量增速保持在3.3%，显著高于全部技术专利增速（见图7）。2000—2019年，全球清洁能源专利的终端使用部门主要是运输和工业生产的能效技术，跨领域的低碳能源技术（电池、氢气、智能电网、碳捕获）总体上经历了2017年以来最强劲的增长（2019年占所有低碳能源IPF中的34%）。这些交叉技术通过连接各种清洁能源解决方案，使能源部门更加灵活，在能源转型中发挥着越来越重要的作用。

然而，低碳技术创新发展过程中，仍然存在不少问题：比如，大量低碳技术仍有待开发，低碳技术专利主要集中在高校手中，企业在技术研发方面能力还比较弱、参与研发程度低，与国外先进企业相比存在较大的差距[①]。政策环境、扶持资金、税收优惠、技术交易市场等政策是制约低碳技术转化的主要因素；低碳知识产权交易、流通、质押融资市场规模较小。在知识产权融资方面，我国尚未形成健全、活跃的专利交易市场，参与主体的专业能力有限，质押专利权的价值难以准确评估，专利权变现难等问题，迫使金融机构更加关注企业的规模和偿债能力，胜过对专利权价值的评估。导致金融机构倾向于向大型科技企业提供贷款，小型科技企业办理专利技术质押融资业务的难

① 李淑涵：《我国低碳技术成果转化模式与机制研究》，江苏大学，硕士研究生论文，2019年。

度较大。专利权质押融资业务偏离了本质。

图6　2010—2020年中国知识产权融资情况

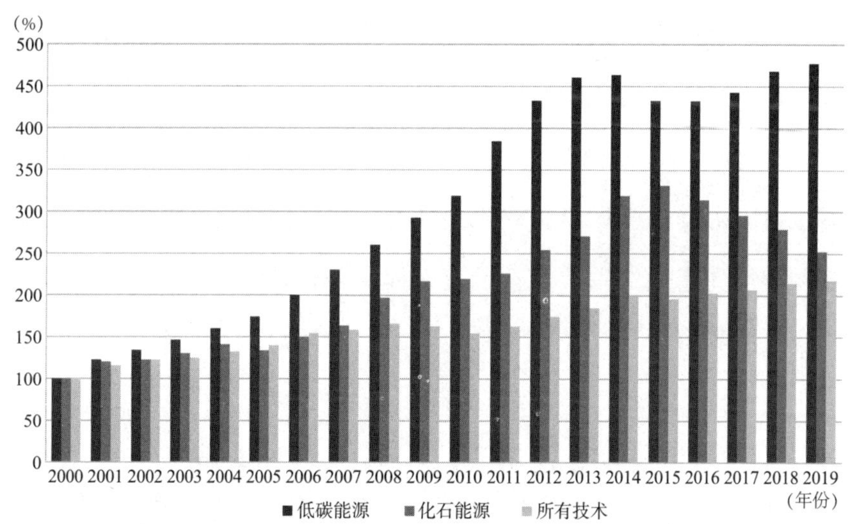

图7　2000—2019年，与所有技术相比，低碳能源技术同族专利（IPF）的全球增长

注：同族专利（International Patent Families）相同的专利在不用国家申请的集合。

（二）国内外经验

1.法律保障下的知识产权融资机制。2002年，日本建立《知识产权基本法》，2004年，修改《信托业法》，知识产权在日本成为信托的合法标的。知识产权融资型信托在一系列知识产权金融创新政策中最具代表性。融资企业通过知识产权融资型信托，将知识产权的未来收益分配请求权作为信托标的交付给信托银行等受托人，信托银行再将其作为一种金钱债权以发行受益证券的方式发售给投资者，受益证券的支付对价就成为融资企业的资金来源[①]。知识产权融资型信托具有多种重要功能：一是破产隔离功能。由于信托财产的独立性，使得用于融资的信托财产（知识产权）将不会受受托人或委托人破产的影响[②]，因此有利于融资目的的达成。二是转换功能。将信托财产（知识产权）转换为信托受益权等适合信托目的的形式，不仅可以提高该知识产权的流通性，还可以将信托受益权进行分割后设置优先劣后的框架，给投资人提供多种选择，从而更有利于融资企业筹集资金。三是税收减免。由于信托财产本身在信托阶段并

① 罗勇.日本知识产权金融政策研究［J］.法制与经济，2018（10）.

② 由于信托的设立，信托财产（知识产权）的所有权从融资企业（委托人）转移至信托公司等受托人，因此该信托财产就被认为是独立于受托人自身的财产。在信托公司作为受托人遭遇破产的场合，信托公司的债权人将被禁止强制执行信托财产（《信托业法》第16条）。不仅如此，在委托人破产的场合，信托财产也独立于破产财团而受到法律的保护（《破产法》第6条第3款）。

非课税对象，因此在《法人税法》《所得税法》等课税法律关系中，用于融资的知识产权作为信托财产从融资企业（委托人）向信托银行（受托人）转移，原则上因不属于资产的转让和取得而不予课税。

2.低碳技术专利市场化交易机制。技术最普遍的表现形式是专利。美国高智发明公司、合理专利交易公司（RPX）和ICAP专利经纪公司（ICAP）等专利运营机构各具特色。高智发明公司专门从事专利收购投资，ICAP公司从事专利拍卖及知识产权买卖交易，而RPX则以提供解决方案管控专利风险为主要业务。上述机构主要运行特点详见表1[①]。

表1 部分机构专利运营特点

运营公司	资金来源	专利来源	运营机制	运营特点	投资领域	交易途径	社会和经济效益
高智发明公司	私募基金为主	发明创造、企业和科研院所	完全市场化	强制专利组合，通过特殊目的载体SPV和运营策略实现风险隔离	计算机硬件、纳米技术、生物医药和电子消费品等	目标性购买、战略性购买和市场驱动性购买	全球最大的专利运营公司、最有名的基金管理公司

① 赵淑芳，李希义．绿色技术银行的运营模式及实践思考［J］.中国科技论坛，2020（2）.

续表

运营公司	资金来源	专利来源	运营机制	运营特点	投资领域	交易途径	社会和经济效益
ICAP	专利买卖双方	企业、科研院所	完全市场化	专利证券化	生物医药、IT、导航系统、数字医学、GPS定位跟踪相关的技术等	拍卖	知识产权资产拍卖的先驱和领导者，为客户创造价值并获得巨额
RPX	会费	会员公司	完全市场化	防御型专利运营	电子商务、网络、IT、移动终端、互联网搜索等	通过市场收购和诉讼定向收购寻找专利卖家	为客户带来经济效益
绿色技术银行	政府投资基金	企业、高校、科研院所	政府推动下的市场化	绿色技术成果评估、转移转化提供股权和信贷支持	以新能源、新材料、节能环保、污染治理等绿色技术产业为重点投资领域	信息平台为各类主体提供信息、交易等服务	促进绿色技术转移转化，为各类主体带来经济效益

绿色技术银行由中国政府首先提出，其运营模式仍处于探索阶段。2017年，上海“绿色技术银行”成立，作为一家致力于绿色技术转移转化以及市场化运作的商业化机构，其核心是绿色技术的识

别和绿色技术的运营。上海绿色技术银行按照“绿色技术汇总+展示+应用”的理念，已构建绿色技术信息、绿色技术转移转化、绿色技术金融三大平台，推动绿色技术孵化、创新、培育，具体运作模式详见图8。其中信息平台已经为各类主体提供绿色技术信息支持；金融平台则在国家成果转化资金的引导下，与上海市创业投资基金共同出资35亿元成立了绿色技术成果转化基金[①]，同时搭建国际转移机构和中心，通过“技术+资本”的形式，与商业银行共同设计推出绿色金融产品。

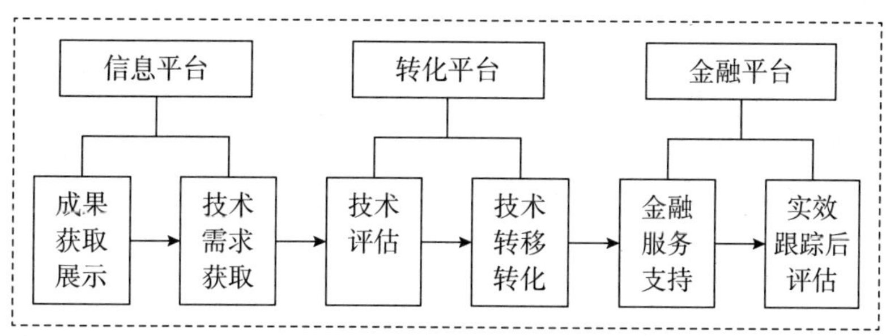

图8　绿色技术银行的业务运作模式

青岛市政府成立了专利权质押贷款服务联盟，在联盟中金融机构、担保公司、保险公司以及服务机构共同签订契约，并在契约的

① 为配合“绿色技术银行”绿色、金融和创新有机结合的发展战略，科技部和上海市人民政府设立绿色技术成果转化基金，该基金是由多支政府型引导基金参与的产业投资基金，合伙人包括上海双创科技投资中心（有限合伙）、科技部、虹口区政府及神雾集团 。其主要投资领域包括环保、清洁能源、节能、绿色建筑、绿色交通、医疗健康等。截至2017年底，金融平台资金规模为35. 18亿元，其中国有资金占比为91. 5%。

约束下为中小型科技企业提供专利权质押融资服务。该融资模式的流程为：科技企业通过服务联盟的共享平台提出申请，由联盟各方进行审查，其中最关键的专利咨询服务机构评估质押专利权的价值，在联盟各方审查通过后，科技企业需要支付保险金和担保费用，在缴费后由保险公司出具保险单、担保公司出具担保函，最终由金融机构发放贷款。青岛市在实行此融资模式时金融机构、担保公司和保险公司承担的风险比例一般为20%、20%和60%。在青岛市实行的融资模式中，政府仅起到一定的扶持作用，主要提供50%的专利评估费补贴、贷款利息补贴以及逐年递减的保险费用补贴。

（三）思考与建议

1.加快绿色技术执行依据和标准建立。一是主管部门应组织相关力量，加快绿色技术分类标准的制定，使其标准化、规范化发展。二是要创新绿色技术标准供给方式，建议鼓励行业协会、学术团体和产业联盟等对绿色技术创新成果形成团体标准，满足市场需求。只有逐步完善绿色技术标准，才能使得绿色技术成果转移转化和绿色投融资有的放矢，促进其可持续发展。

2.优化专利权质押融资政策环境。一是补齐政策短板。目前，我国政府仅通过《物权法》《担保法》两项法律确定专利技术的质押权。各地已发布的鼓励性、政策性文件较多，但缺乏国家层面关于质押融资的政策法规，更缺少专利质押融资业务的操作规范。二是加大对专利权质押融资金融扶持。建立专门为科技型中小企业提供服务的科技发展银行或政策性融资担保机构，建立基于信用评分的融资风险定价机制，将知识产权抵押贷款作为合格抵押品纳入现行再担保体系等，加大央行货币政策工具的支持力度。三是明确知识产权质押融资的尽职免责规则。对于参与知识产权质押融资的关键及特色操作流程，明确尽职免责规则，保护合规操作人员开展工作的积极性。

3. 合理分配专利权贷款风险，降低抵押融资门槛。对专利权价值和企业偿债能力的评估是整个质押融资业务的重要环节，评估有误会导致后续的贷款金额、贷款损失存在偏差。此外，建议深入研究并借鉴美国M-CAM专利顾问公司集评估和担保于一身的业务模式，欧美专利收购投资、拍卖等转移占有模式，探索由同一个机构完成评估与担保，消除担保机构对评估机构的不信任。激励评估机构承担一部分贷款风险；有条件的银行机构还应当成立专利技术质押融资的专业评估团队，重点对专利权的价值、流通和变现进行评估。根据质押专利权的类型、科技企业的特点构建风险预警模型，动态监测关键指标的变化，及时预防风险。推进专利权贷款风险在各参与方之间合理分配，调动各方积极性和专业能力，有效管控专利权贷款风险。

四、低碳资金要素

（一）绿色金融发展概况

为实现《巴黎协定》达成的气候承诺，从现在到2030年，全球每年必须投资8400亿美元以提高低碳技术和能源效率。清华大学气候变化与可持续发展研究院的研究显示，到2045年，我国电力95%将由可再生能源提供。要实现1.5℃目标的转型路径，我国需累计新增绿色投资138万亿元人民币。如此大的绿色投资规模，需要海量的绿色金融服务，要实现这一目标，仅靠政府公共资金是远远不够的，还需要市场主体来提供增收模式、金融产品、市场和资本的创新。而作为应对气候变化融资的重要工具，绿色金融责任重大。

1.我国的绿色金融政策框架已初步建立

2005年，中办、国办印发了《生态文明建设的指导意见》，要求大力发展绿色金融。2016年，人民银行牵头印发《关于构建绿色金融体系的指导意见》，明确了绿色金融的发展方向和目标任务。经五年“自上而下”绿色金融顶层设计和“自下而上”的绿色金融的探索和实践，我国绿色金融的标准体系、金融监管和信息披露、激励约束机制、绿色金融产品和服务、绿色金融国际合作五大支柱不断推进。金融支持绿色发展的资源配置、风险管理和市场定价三大功能不断完善，对经济的高质量发展，特别是绿色发展形成有力的支撑。

2.我国绿色金融平稳快速发展

从贷款规模来看，绿色贷款的增速持续高于各项贷款增速，绿色贷款不良率远低于全国商业银行贷款不良率。根据人民银行统计，截至2019年末，全国绿色贷款余额10.22万亿元。存量规模居全球第一。从绿色用途来看，绿色交通运输项目、可再生能源及清洁能源项目贷款余额分别为4.47万亿元和2.49万亿元，合计占绿色贷款余额的68.1%。从地区来看，东部地区绿色贷款增长较快，西部地区投向可再生能源及清洁能源项目的比例较高。东部地区绿色贷款余额4.72万亿元，增速比全国平均水平高0.7个百分点；中部地区绿色贷款余额2.4万亿元，增速与全国水平相当。从机构来看，小型银行绿色贷款快速增长，中型和大型银行绿色贷款增长平稳（见表2）。

表2　2019年中资银行绿色贷款增长情况表

2019年末 绿色贷款	绿色贷款余额 （万亿元）	比年初 增长（%）	与全国平均增速 比较
中资大型银行	7.18	14.10	–1.30%
中资中型银行	1.67	13.50	–1.90%
中资小型银行	0.67	32.80	17.40%

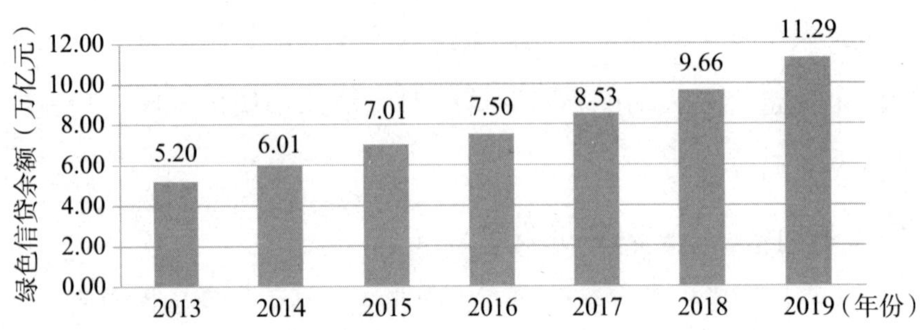

图9　2013—2019年21家主要银行绿色信贷余额

资料来源：绿色信贷数据来自银保监会公开信息整理。

绿色债券方面，2021年4月，人民银行、发改委、证监会联合发布《绿色债券支持项目目录（2021年版）》（以下简称《目录》）。《目录》的发布将原来发改委的《绿色债券发行指引》与人民银行、证监会的《绿色债券支持项目目录（2015年版）》这两个国内最主要的绿色债券支持项目的范围进行统一，剔除了全部涉煤项目，逐步实现与国际绿色债券标准的趋同。人民银行公布的数据显示，截至2020年末，我国累计发行绿色债券约1.2万亿元，存量规模超8000亿元，均居世界第二位。凭借我国绿色金融体系的优势，以及绿色信贷、绿色债券全球领先的规模，中国有望成为国际绿色金融中心之一。

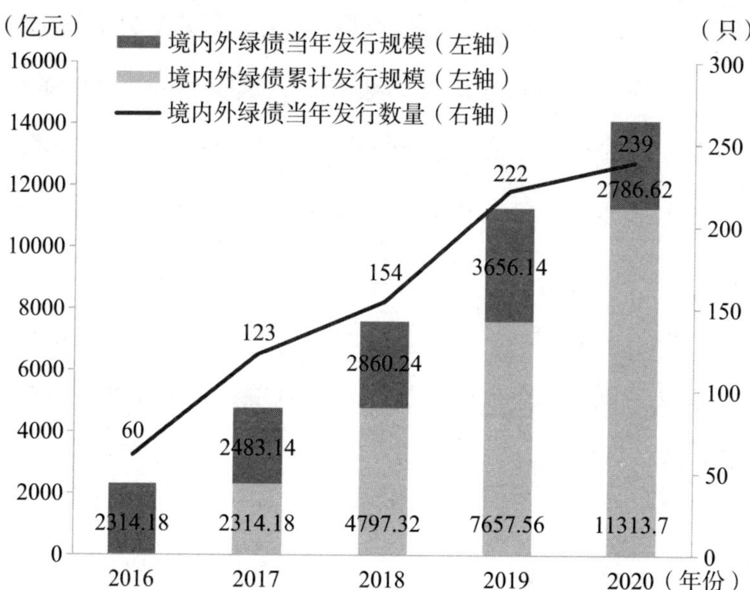

图10　2016—2020年中国境内外绿色债券发行数量及规模

数据来源：中央财经大学绿色金融国际研究院。

3.绿色金融产品不断创新

（1）国内绿色金融产品的创新。在引导资金向绿色领域聚集，支持经济绿色转型升级方面，中国和西方发达国家采取的措施有所不同。欧美国家更加注重构建有利于绿色金融发展的市场环境。通过优化法律法规、市场交易规则等措施，将环境的外部影响内部化，将绿色因素纳入市场交易或者为创新绿色金融产品扫清障碍，让绿色金融操作更加简单、便利，更具盈利能力。中国的绿色金融与出台的激励政策联系更加紧密，主要包括贷款损失补偿创新、抵（质）

押担保品创新、绿色信贷资金来源创新三大类（见图11）。例如，依托上海市政府对分布式光伏推广融资难、缺少抵押担保物的现状，给予风险分担的激励政策，银行机构推出“光伏贷”绿色金融产品；依托财政部清洁发展机制基金对碳减排项目提供低成本信贷资金的支持政策，兴业银行通过将政策性低成本资金与商业信贷资金相结合，并承担全部信贷风险的方式，推出“绿创贷”产品；依托全国碳排放权交易试点城市的碳排放权交易制度，国内多家银行机构推出“碳排放权抵押贷款”产品。

- 中国节能减排融资项目（CHUEE项目）
- 光伏贷

- 合同能源管理未来收益权质押贷款
- 碳排放权（排污权）质押贷款
- 特许经营权质押贷款

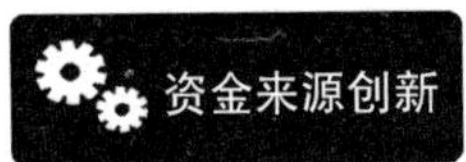

- 世界银行中国节能转贷项目
- 绿色金融债
- 世界银行京津冀大气污染防治融资创新项目

图11　国内绿色信贷创新产品和服务

（2）欧盟面向2050年碳中和法律体系推动构建绿色市场体系案例。完善立法，将绿色低碳因素作为市场交易必要条件，推动经济绿色转型。为实现2050年碳中和的目标，欧盟制定了欧洲一揽子清洁能源计划（The Clean Energy Package for all Europeans）、循环经济行动计划（CEAP）、欧盟能源产品政策。这是一套面向欧盟2020年以后气候、能源、循环经济的法规政策体系。在欧洲一揽子清洁能源计划项下，包括建筑能源性能指令（EPBD）、能效指令（EED）、可再生能源指令（RED）。以建筑领域为例，建筑能源性能指令是欧盟建筑转型的核心法律，它为欧盟2050年建筑脱碳设置了清晰的目标以及达到目标的实施路径，包括长期既有建筑改造政策、建筑现代化改造等。EPBD项下的能源性能证书制度（Energy Performance Certificate ，EPC）将欧盟的建筑按照能源性能分为A—G7个级别，并给出相应的节能分数（EPC rating）。能源性能证书制度对构建有利于建筑脱碳的市场机制有多方面的促进作用。首先，EPBD法令规定建筑能源性能指标达标是建筑出租、出售的重要前提之一。以英国为例，对于自持物业，如果能源性能为F或G级，房东将会面临最高5000镑（住宅房产）和150000镑（商业房产）罚款。其次，能源证书解决了房东对出租或出售房屋节能改造积极性不高的问题。对房东而言，其出租或出售的房屋的能源性能分数必须达到最低许可标准；对承租人或购房人而言，在房屋出租或出售的广告宣传阶段就可参考能源性能证书，对房屋质量有个更加准确的判断。欧盟对EPC制度实施情况的回溯显示，EPC证书可有效减小信息不对称，分数更高的房屋，交易达成的时间更短，买方对房屋的质量更有信心。最后，各国政府可以通过不断提高能源性能证书的达标标准，不断引导提升建筑的能源性能，最终实现其零碳战略。例如，目前英国能源性能证书的合格等级为“E”，2025年合格等级将升级为“D”，2030年可能还会升级为“C”。

（3）美国康涅狄格州绿色银行，提升绿色信贷操作便利化，解决绿色技术推广成本高，限制推广的案例①。美国康涅狄格州C-PACE（Commercial & Industrial Property Assessed Clean Energy Program，工商业物业资产评估清洁能源融资项目）融资机制是美国运行最为成功的建筑能效及清洁能源利用融资机制。C-PACE是旨在帮助商业房产业主获得更清洁、更廉价、更可靠的能源而提供的专项融资。根据适格工商业等房产业主自愿申请，C-PACE融资金额最高可覆盖建筑能效达标改造以及清洁能源利用项目100%投资，但通常不超过改造房产评估价值的30%（见图12）。主要风险控制措施包括：一是合理确定还款方案。基于改造前后对业主节能收益的评估，设计还款方案。每期还款金额小于项目产生的节能收益，确保业主正现金流，贷款期限可超过20年，不给业主增加经济压力。二是设置财产担保的优先留置权。对于未结清贷款房产，地方立法规定C-PACE对担保的财产享有优先留置权。三是政府税务部门负责C-PACE贷款的回收。C-PACE贷款是在改造物业房产税账单中增加PACE还款项条目，明确还款金额及时长。由地方税务部门与房产税一同征收后转付给融资债权人还款。PACE融资以房产税偿还，

① 赵建勋．关于完善市场机制促进建筑节能与绿色建筑发展的思考［J］．建设科技，2020（20）．

不需要签订担保合同等契约。当业主拒不通过房产税还款时，征税部门将通过现有强制执行程序强制征收还款。在C-PACE融资未结清前，若改造的物业再次转让，地方法律规定，由新业主继续履行还款义务。四是增信措施。康涅狄格州安排专项财政奖励对采用C-PACE融资物业的财产保险以及业主的人身意外险予以保费补贴，引导业主购买相关保险，规避由于意外原因导致C-PACE贷款无偿还的风险。

C-PACE融资的多方面安排谙合了市场机制：一是提升了物业业主建筑节能改造以及清洁能源应用的意愿，打开了绿色低碳消费市场。C-PACE模式下，业主不必考虑在物业持有期内投入的节能改造资金能否回收的问题。墙体保温、高节能等级门窗更新、太阳能光伏系统等技术先进、减碳效果好、初投资大、投资回收期长的产品及系统有可能得到更加广泛的应用。此外，C-PACE项目不需要业主自筹资金，贷款金额可覆盖全部项目改造投资，并且项目范围内的正现金流保证业主能够从改造中获得经济收益。从技术和经济两方面提升了业主节能改造及清洁能源利用的意愿。二是构建区域性的绿色政策银行，坚持按照市场化原则，为绿色低碳产业筹集资金定位，避免与商业银行竞争。早期的时候，与中国类似，美国地方政府通过可再生能源附加、碳税收入等用于能效项目的奖补以及相关融资的补贴。后期，为了进一步提高资金效率，美国康涅狄格州用这些资金组建了康涅狄格州绿色银行，其定位从服务低碳绿色项目，升级为吸引并服务为低碳绿色融资出资的社会资本。其角色由财政奖补的发放者变更为全辖绿色低碳融资的组织管理者。主要职责包括统一受理绿色低碳融资申请、引导项目改造及验收达标、统一开发绿色低碳融资项目包并与社会资金方对接、筹集社会资金支持绿色低碳融资，其专注绿色低碳融资的服务管理模式，以及政策性、非营利性定位，成功引导商业银行等各类社会资本支持绿色低碳融资。三是解决了大量绿色信贷资金来源问题。康涅狄格州绿色银行成功汇集法律、财政、行政等各类优势资源，将其转化为降低绿色低碳融资风险、简化操作的突出优势，创造出风险更低、收益更高的可投资绿色低碳金融资产，大幅度降低了商业银行独自支持绿色低碳融资的风险，显著提高了商业银行的展业效率，成功从各类社会资本筹集到大量长期限、低利率资金支持绿色低碳融资，未来有望成为解决大量低碳融资资金来源的有效途径之一。四是C-PACE融资模式有利创新绿色技术的推广应用，推动低碳产业链发展。创新绿色低碳技术往往节能减排效果好，但应用成本高，使其推广应用困难。在C-PACE模式下，因价格不再是推广应用的主要约束，节能减排性能更好、可靠性更高的材料、技术、产品、装备、系统可以得到更广泛的应用。制造商可以更加专注技术创新，有助于加速绿色产品的升级迭代。

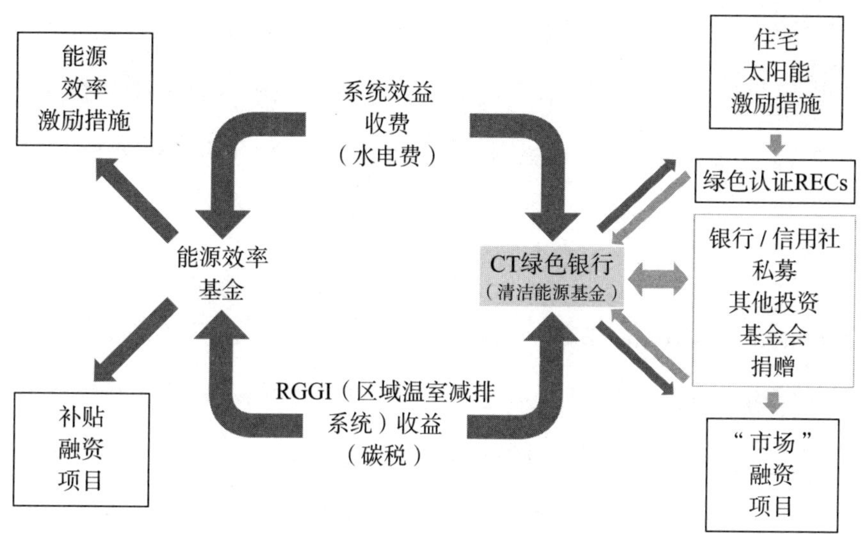

图12　美国康涅狄格州绿色银行PACE融资结构

（4）政策性金融机构有效发挥支持绿色经济的杠杆作用。欧盟充分利用政策性银行、政策性基金等政策性金融工具支持绿色投资。2012年，英国政府出资30亿英镑创建全球首家绿色投资银行（Green Investment Bank，GIB）。英国政府将GIB定位为一个独立于政府运作的可持续性金融机构，GIB将其所有项目的投资和运作都依据商业金融机构的运行模式。它的所有投资都必须遵循“绿色”和“盈利”双重原则。GIB在成立之初便由英国政府确定了废弃物与生物质能源、海上风电、能源效率、陆上可再生能源等若干优先投资领域，这些投资领域可获得潜在的投资回报，但却因为信息不对称和市场失灵等原因，需要政府介入以吸引更多的投资者。其投资主要以直接投资、基金投资、混合投资等形式为主。GIB建立了一套绿色投资政策工具体系，其中最为重要的是绿色投资政策、绿色投资手册及绿色影响报告，每年为可再生能源和低碳项目投资8亿英镑。这种积极的创新实践吸引了大量私人投资者投入绿色产业发展，有效解决了英国绿色基础设施项目建设中的市场失灵问题，引导大量私人投资投向绿色产业。尽管英国技术集团（British Technology Group，BTG）的目标不在绿色领域，但是其在技术成果转移转化方面亦形成了先进模式。BTG在评估项目的可行性和商业开发可能性基础之上，通过建立风险投资企业，对通过评议的技术予以直接投资支持。BTG从原有的专利中不断衍生新的专利，将获得的报酬在技术提供者、合伙人等之间进行利润分成。科研人员把技术成果委托给BTG，在得到丰厚利润的同时也可获得知识产权保护。

实践证明，无论是英国国家性的绿色投资银行，还是美国区域性的康涅狄格州绿色银行，政策性的绿色银行均成功发挥其政策性的导向和杠杆作用，成功通过优化政策、法律环境，对前沿绿色低碳融资先行先试，形成成熟规则等途径，避免与商业资本争利。这种人为降低绿色低碳融资风险，提高业务办理效率和收益稳定性的举措，其本质就是将低碳环境效益外部性内部化的具体表现，这样一来，商业银行等各类社会资本必将按照市场经济的价值规律加大对绿色低碳经济的支持力度。

（二）思考和建议

1.研究在市场交易机制中，增加绿色因素的法律和政策约束。尽快完善与低碳经济发展相适应的法律法规体系，明确温室气体有偿排放的原则，以及达标排放的义务。在温室气体排放的主要领域，将温室气体排放等环境因素纳入市场交易的约束性条件，以市场化的方式，引导低碳绿色消费，发挥消费者的识别和监督作用，倒逼绿色低碳产品和服务的供给，尽快淘汰虚假绿色产品和服务的供给。

2.为绿色金融支持绿色低碳产业发展营造更有利的市场环境。学习和借鉴国际先进经验，探索绿色激励政策从服务绿色低碳企业和项目向引导和服务社会资本支持绿色低碳投融资转变。重视绿色融资支持绿色低碳技术推广应用的作用，聚焦降低绿色低碳融资风险、稳定融资的预期收益、提高社会资本投融资效率等关键因素，通过法律、政策、行政资源等优化组合，解决低碳经济发展所需的大量资金来源问题，以及绿色低碳技术的推广难题。

五、低碳物资要素

（一）物资要素低碳化的特征

我国当前温室气体排放量约140亿吨二氧化碳当量。能源相关CO_2排放占全部温室气体排放约73%，工业生产过程CO_2排放约10%，其他非CO_2温室气体排放约17%，而农林业吸收汇增加每年8亿—10亿吨，仅相当于排放量的7%左右。因此，我国实现长期碳中和目标主要依靠减排，特别是能源系统要实现自身CO_2的净零排放。因此，在2060年碳中和背景下，中国的能源、工业原材料、建筑、交通设备等物资生产要素需要广泛而深刻的低碳转型，低碳物资要素生产将呈现以下显著特征。

一是能源结构与能源系统的零碳化、电气化。以煤炭为主的高碳能源结构和电力系统，将深度转向以清洁能源（非化石能源）为主的低碳能源结构和构建以新能源为主体的新型电力系统。根据清华大学何建坤的研究，为实现1.5℃情景，我国煤电在电力总装机的比重，预计2060年将降至10%以下，而可再生能源发电装机比重至少达到80%以上。此外，电能将成为能源供应和消费主体，只有这样，我国才可能真正实现电力的低碳化甚至零碳化，实现2060年前碳中和债券目标。

二是可再生能源价格优势将更加明显。随着技术的不断突破，我国可再生能源成本下降显著，步入平价上网时代。2010—2019年，全球范围内光伏发电、光热发电、陆上风电和海上风电项目的加权平均成本已分别下降82%、47%、39%和29%。目前分布式光伏电站每瓦投资成本3.7元，折合平均每度电成本0.2—0.3元；集中式电站每瓦投资成本3.5元，折合平均每度电成本也为0.2—0.3元。已达到煤电脱硫标杆上网电价。我国可再生能源发电成本大幅度快速下降，这是可再生能源替代化石能源的依据和底气所在，也是能源生产要素低碳转型的经济学基础。

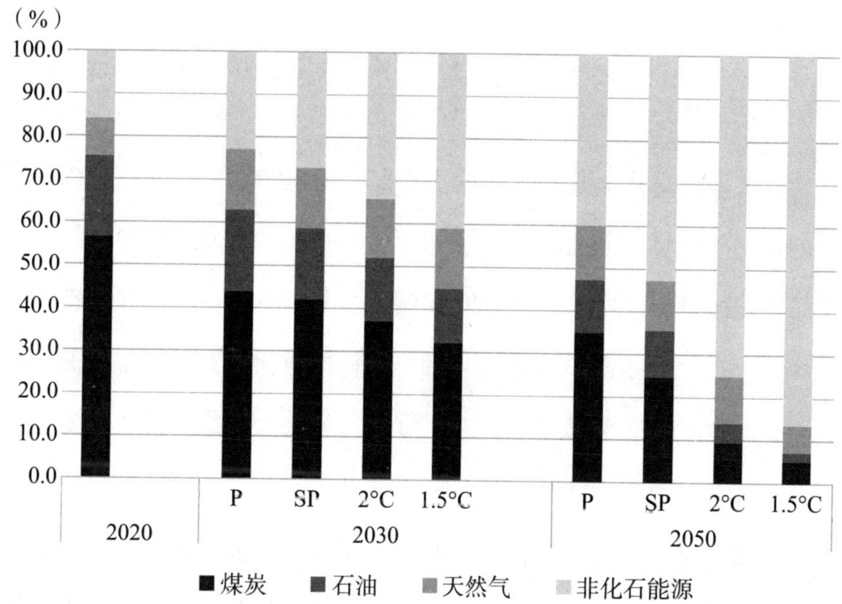

图13　碳达峰、碳中和目标下，2030—2050年我国能源结构预测

注：

①政策情景（P）：以我国在《巴黎协定》下提出的NDC目标、行动计划和相关政策为支撑，延续当前低碳转型的趋势和政策的情景。一次能源消费2050年前趋于稳定达峰。

②强化政策情景（SP）：在政策情景基础上，进一步强化降低GDP能源强度和二氧化碳强度的力度和幅度，进一步提高非化石能源在一次能源消费中占比等各项指标，挖掘减排潜力，控制二氧化碳排放总量，强化政策支撑，适应《巴黎协定》下各国强化和更新NDC目标和行动的要求。能源消费2035年达峰。

③2℃情景：是以实现全球控制温升2℃目标为导向，研究与之相适应的减

排情景和路径。是以21世纪中叶深度脱碳目标倒逼下的减排对策和路线图分析为基础，对其技术资金需求、成本代价及政策支撑进行论证和评价。能源消费2030年左右达峰，2050年约52亿吨标煤。

④1.5℃情景：以控制1.5℃温升目标为导向，到21世纪中叶努力实现二氧化碳净零排放和其他温室气体深度减排为目标，研究和论证其可能性和路径选择，并评价其可能产生的社会经济影响。能源消费2025年左右达峰，2050年约50亿吨标煤。

资料来源：《中国低碳发展战略与转型路径研究》，清华大学气候变化与可持续发展研究院。

三是工业生产低碳化。当前工业部门的能源消费占全国总终端能耗的65%（包括建筑业的第二产业为67.5%），是最主要的能源消费和二氧化碳排放部门。首先，需要调整产业结构，实现结构节能。抑制煤电、钢铁、水泥、石化、化工等高耗能重化工业的产能扩张，降低重化工业比重，淘汰落后产能，促进产业转型升级，提高能效，实现技术节能，大幅度降低GDP能源强度，控制能源消费总量增长。其次，逐步增加工业用能清洁低碳化比重，发展先进突破性低碳技术对工业生产低碳转型至关重要。比如，用氢取代焦炭实现零碳炼钢，用氢作为原料生产化工产品；平板玻璃行业可以通过利用氧化镁和氧化钙替代白云石和石灰石，减少配料生产过程中的碳排放；煤化工等行业通过发展加压水煤浆气化技术、加压粉煤气化技术等新型煤气化工艺，减少生产过程的碳排放[①]。由于氢是很好的还原剂，并且可以作

① 《中国长期低碳发展战略与转型路径研究》项目综合报告编写组.中国长期低碳发展战略与转型路径研究综合报告，中国人口资源与环境，2020，30（11）.

为大部分化工和石化产品的组分。未来氢能够在推动工业领域生产过程深度减排中扮演重要角色。最后，加快发展数字经济，大力发展高新技术产业和先进制造业，促进产品向价值链高端发展，降低单位工业增加值能耗强度，是我国工业生产绿色低碳化的必由之路。

四是供应链的低碳化趋势明显。全球碳中和导向下能源和经济变革将改变行业和企业的发展业态，影响企业竞争规则和核心竞争力。国家、地方和企业都要自觉适应和应对全球碳中和导向下国际治理和经贸机制变革。例如，全球碳价机制及欧美酝酿的“碳边境调节机制”，“自下而上”行业和地区间气候联盟推出新的低碳技术标准和行为准则，国际产品贸易中碳排放技术标准、碳标识等制度，国际范围内行业“自下而上”的自愿减排联盟，引领以碳中和为目标的行业规则与技术规范等趋向，都将对企业生产经营和竞争力产生重要影响。以供应链核心企业为例，其低碳转型战略，将指导核心企业生产链和采购链低碳化。根据温室气体管理ISO 14064等国际标准，上下游原材料和产品的碳排放量将被量化地衡量，供应链企业的碳排放指标将成为与成本、质量和服务同等重要的竞争要素，因此将带动整个供应链的低碳转型。

与此同时，作为实体经济血脉的金融行业，绿色低碳的投融资趋势不断深化，并朝着净零方向快速推进。2021年4月，在汇集现有和新成立的净零金融倡议行动的基础上，“格拉斯哥净零金融联盟”（The Glasgow Financial Alliance for Net Zero，GFANZ）宣布成立。目前，GFANZ共拥有四个创始成员行动计划，分别是“净零碳排放资产所有者联盟”（Net-Zero Asset Owner Alliance）、“净零碳排放资产管理人倡议”（Net Zero Asset Managers Initiative）、“遵守巴黎协定的投资倡议”（Paris Aligned Investor Initiative）、“净零碳排放银行业联盟”（Net-Zero Banking Alliance）。GFANZ成员将致力于实现贷款和投资组合运营与温室气体排放转型，确保在2050年前实现净零排放，助力实现《巴黎协定》设定的全球环保温控目标。

（二）思考与建议

1.国家主管部门尽快出台我国碳达峰和碳中和实施路径，以及能源转型的路线图，便于银行机构在国家统一部署下，有序调整能源产业及棕色产业的授信政策，配合做好国家能源转型的金融服务，同时做好银行机构资产结构优化。

2.尽快建立绿色低碳技术标准体系。国家已经明确“30·60目标”，相关技术发展日新月异。全社会需要一个明确的绿色低碳技术体系，明确每项技术的技术路线和量化指标，以及温室气体排放量减排量的测算规则。对金融领域而言，需要进一步细化《绿色产业指导目录》，建立绿色低碳融资的统计制度，加快推进轨道交通、绿色建筑、林业碳汇等主要绿色低碳项目类型的环境效益测算方法的研究和应用；对温室气体排放的主要行业，应加快建立企业温室气体排放登记以及环境信息披露制度，便于金融机构开展环境风险情景分析和压力测试，也有利于各类生产要素向低碳领域配置。

六、低碳信息要素

（一）低碳信息要素的进展

企业和金融机构的气候和环境信息是提升生产要素向低碳领域配置的基础，也是低碳经济可持续发展的重要基石。从国际实践来看，2015年12月，金融稳定理事会（FSB）成立气候相关财务信息披露工作组（TCFD），提出的信息披露框架影响力日益提升，已获得全球多家机构认可，这些机构资产管理规模共达120万亿美元。2016年，中国人民银行等七部委联合发布了《关于构建绿色金融体系的指导意见》，其中明确提到要逐步建立和完善信息披露制度，此外中国的《绿色信贷统计制度》《绿色债券支持项目目录》《绿色产业指导目录》等绿色标准，为实现环境信息的披露奠定了基础。2017年，中英两国政府同意加强在绿色金融领域的合作，中英两国十家金融机构作为首批试点机构，共同开展气候与环境信息披露探索。试点金融机构参照TCFD建议，制订了工作方案、发布了行动计划，连续两年发布了《中英金融机构气候与环境信息披露试点年进展报告》，披露环境信息。但环境信息缺失、信息不对称问题，仍然是生产要素向低碳领域配置的重要制约因素，主要问题包括以下方面。

碳排放权交易制度未能迫使企业提高碳信息透明度。国务院颁布的《"十三五"控制温室气体排放工作方案》中明确要求建立企业温室气体排放信息披露制度，鼓励企业主动公开温室气体排放信息。但由于碳排放权交易制度属于市场交易制度，而非强制企业公开碳信息的命令型规章制度，企业披露环境信息意愿不足，定性披露多、定量披露少，报喜不报忧的选择性信息披露现象广泛存在，准确识别低碳优势企业难度较大，给金融等生产要素向低碳领域配置造成障碍。

金融机构防控环境和社会风险缺乏准确的信息支撑。2012年，原银监会陆续印发《绿色信贷指引》《绿色信贷统计制度》，要求银行机构加强环境和社会风险管理，注意识别和防范重大环境、安全违法违规企业可能产生的信贷风险。从这些年实际操作情况来看，由于需要银行机构自主逐一收集各省重大环境违法违规企业信息，工作量大、专业性强、时效要求高，做好此项工作难度较大。

金融机构开展气候情景分析以及环境风险压力测试缺乏数据支撑。碳会计财务伙伴关系（PCAF）制定了金融业全球碳会计标准，以衡量投资组合范围内或资产层面量化温室气体排放的方法和数据资源。金融业全球碳会计标准以《温室气体核算体系范围三标准》中第15类排放（投资）的标准为基础，为贷款和投资温室气体排放量的计量和披露提供了详细的方法学指导。然而输入数据的质量对PCAF计算资产组合的温室气体排放影响巨大。经审计的温室气体排放数据或实际原始能源数据（数据质量最高）通过PCAF方法计算的误差为5%—10%，而采用地区或国家的代理数据，或非常有限的估计数据等（数据质量最差），相应的计算误差将达到40%—50%。由此可见，企业碳排放信息，将对金融机构绿色低碳融资投向与资产组合管理产生重大影响。目前，绝大多数中国企业尚未披露温室气体排放数据，金融机构难以对资产组合的碳减排进行准确管理，金融机构也难以通过资产组合主动低碳转型，倒逼实体企业的低碳转型。

（二）思考和建议

完善气候和环境信息披露框架，建立强制性、市场化、法制化的信息披露制度，主要建议如下。

一是对照碳达峰、碳中和目标，修改完善气候和环境信息披露相关法律法规、管理办法和实施细则。进一步明确包括披露主体、披露内容、监督管理等一系列信息披露要求。

二是要充分发挥碳税、碳交易等市场型环境规制的积极作用，在完善碳核算的基础上，强化碳排放、碳足迹等信息披露，为落实碳达峰、碳中和目标提供保障。

三是推动气候和环境信息依法披露。建立完善上市公司和发债主体的气候和环境信息强制性披露制度，强化金融机构气候和环境信息披露的强制性要求，披露金融机构高碳资产敞口；此外还应强化政府引导水平，提升非金融企业披露碳信息的意愿。

四是推动全国环境信息统一披露平台和环境信息基础数据库建设。收集覆盖监管机构、金融机构和企业环境相关信息数据，实现共享、管理、考核等线上服务。

五是优化气候和环境信息披露激励约束机制。国有企业受合规压力的影响，碳信息的披露水平较高，而非国有企业因受到更多碳排放披露成本的约束因而积极性较低。建议发挥国有企业环境信息披露的标杆带头作用，实施正向激励机制，减轻因减排及披露碳信息造成的成本压力，提高企业碳信息披露的参与度。同时视披露质量引入追责处罚或财税奖励等措施，并探索构建气候和环境信息披露成本分担机制。

碳中和债券的定义与发展

沈双波

中诚信绿金科技有限公司总裁

2020年9月，习近平主席在第75届联合国大会上提出，中国二氧化碳排放力争于2030年前达到峰值，努力争取2060年前实现碳中和（以下简称“30·60目标”或“双碳目标”）。为响应“30·60目标”，自2021年初，中国银行间市场交易商协会（以下简称“交易商协会”）开始研究在绿色债券标准下的碳中和债券产品，并于2021年2月9日在公开市场发出6只产品。之后上海证券交易所（以下简称“上交所”）、深圳证券交易所（以下简称“深交所”）也分别推出碳中和债券。

碳中和债券是绿色债券的子品种，主要是指募集资金专项用于具有碳减排效益的绿色项目的债务融资工具，碳中和债券相比绿色债券的支持领域更为精准，可以更有效地引导资金支持与碳减排、碳中和相关的绿色项目，在资本市场起到了较好的引领作用，加速“碳中和”目标的实现。尤其是行业头部企业、大型央企和国有企业率先发行碳中和债券，在微观层面向低碳发展企业提供了中长期资金支持，助力企业可持续发展，同时对金融市场也起到了巨大的引领和鲶鱼效应，也是对我国承诺自主贡献的双碳目标的积极响应。碳中和债券作为绿色债券的子品种，推动了我国绿色债券市场扩容。

一、中国绿色债券发展状况

（一）绿色债券定义

绿色债券起源于世界范围内投资者对气候变化和环境问题的持续关注，是近年来在国际债券市场上兴起的一个新的债券品种；2014年国际资本市场协会将绿色债券定义为“为资助符合条件的绿色项目募集资金，或为现有的绿色项目进行再融资的债券工具”。通过绿色债券，发行人获得资金资助绿色项目，而投资者以较低风险获取稳定收益。

（二）绿色债券在中国的发展历程

2015年12月15日，中国人民银行发布〔2015〕第39号公告，即“在银行间债券市场发行绿色金融债券有关事宜公告”，说明绿色金融债券是指金融机构法人依法发行的、募集资金用于支持绿色产业并按约定还本付息的有价证券。

2015年12月31日，国家发展改革委办公厅关于印发《绿色债券发行指引》的通知（发改办财金〔2015〕3504号），说明绿色债券是指募集资金主要用于支持节能减排技术改造、绿色城镇化、能源清洁高效利用、新能源开发利用、循环经济发展、水资源节约和非常规水资源开发利用、污染防治、生态农林业、节能环保产业、低碳产业、生态文明先行示范实验、低碳试点示范等绿色循环低碳发展项目的企业债券。

2016年，上海证券交易所和深圳证券交易所陆续发布《关于开展绿色公司债券试点的通知》。

2017年3月2日，中国证监会发布《中国证监会关于支持绿色债券发展的指导意见》，说明绿色公司债券募集资金投向的绿色产业项目，主要参考中国金融学会绿色金融专业委员会编制的《绿色债券支持项目目录》要求，重点支持节能、污染防治、资源节约与循环利用、清洁交通、清洁能源、生态保护和适应气候变化等绿色产业。

2017年3月22日，中国银行间市场交易商协会发布《非金融企业绿色债务融资工具业务指引》及配套表格的公告，并作了详细的说明，以附件“非金融企业绿色债务融资工具业务指引”“绿色债务融资工具信息披露表”“绿色评估报告信息披露表”对绿色债务融资工具做出了相关要求。

绿色债券的标准不一，经过五年的发展，2021年4月2日，中国人民银行、国家发展和改革委员会、中国证监会联合对绿色债券标准进行了统一，并共同发布《关于印发〈绿色债券支持项目目录（2021年版）〉的通知》。将我国绿色债券的定义统一为，“绿色债券是指将募集资金专门用于支持符合规定条件的绿色产业、绿色项目或绿色经济活动，依照法定程序发行并按约定还本付息的有价证券，包括但不限于绿色金融债券、绿色企业债券、绿色公司债券、绿色债务融资工具和绿色资产支持证券”。经过本次修订，进一步提高了我国的绿色债券产品标准的规范和科学性，提升了国际化水平。

（三）绿色债券发行现状

2016年1月，兴业银行率先发行了26.46亿元的绿色金融信贷资产支持证券，随后又发行了100亿元规模的绿色金融债，当月上海浦东发展银行也发行了200亿元规模的绿色金融债，开启了我国绿色债券发行的先河。之后，我国的绿色债券蓬勃发展，2016年发行规模超2000亿元，跃居全球第一位。

2016年到2020年，国内绿色债券发行规模小幅度增长，但发行支数增量较快。规模增长较小的原因是2016年及2017年绿色金融债券占比高，且单笔规模大。截至2020年，我国境内绿色债券累计发行规模突破万亿元，达11095.54亿元，但因受疫情影响，2020年绿色债券发行规模首次降低，较2019年发行规模减少21.47%。2021年绿色债券发行量大幅增长，截至到2021年6月30日，发行规模已达到2332.04亿元，较2020年同比增长114.44%（见图1）。

中国绿色债券市场虽然起步较晚，但发展较为迅速，绿色债券在拓宽绿色企业和绿色项目的融资渠道、支持实体企业绿色转型升级方面发挥了积极作用。

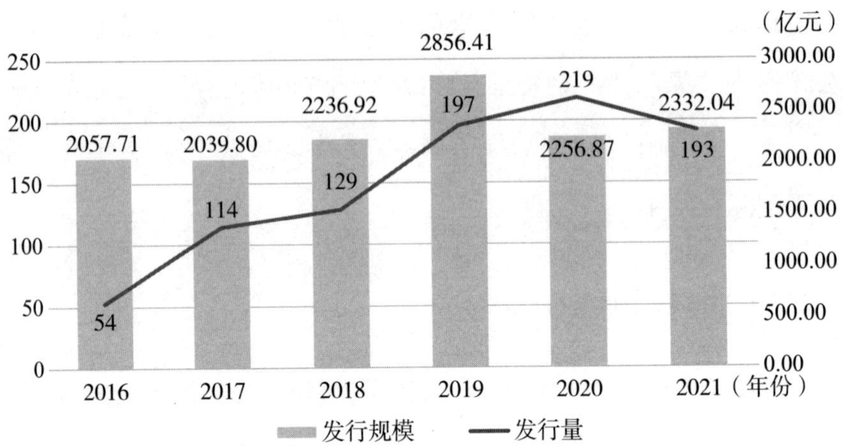

图1 2016—2021年6月30日国内贴标绿色债券发行情况

数据来源：Choice，中诚信绿色债券数据库。

二、碳中和债券发展状况

（一）碳中和债券定义和特征

1.碳中和债券定义

目前，交易商协会、上交所和深交所分别推出了碳中和债券，并对碳中和债券给出具体的定义。交易商协会在《关于明确碳中和债券相关机制的通知》中，将碳中和债券定义为："募集资金专项用于具有碳减排效益的绿色项目的债务融资工具，需满足绿色债券募集资金用途、项目评估与遴选、募集资金管理和存续期信息披露等四大核心要素，属于绿色债务融资工具的子品种。通过专项产品持续引导资金流向绿色低碳循环领域，助力实现碳中和债券愿景。”简言之，碳中和债券是绿色债券的子品种，除满足绿色债券的核心要素外，满足“具有碳减排效益的绿色项目”融资需求，按照“可计算、可核查、可检验”的原则，对绿色项目能源碳减排等预期环境效益进行专业测算。

2.碳中和债券的典型特征

（1）募集资金用途范围

碳中和债券募集资金应全部专项用于清洁能源、清洁交通、可持续建筑、工业低碳改造等绿色项目的建设、运营、收购及偿还绿色项目的有息债务，募投项目应符合《绿色债券支持项目目录》或国际绿色产业分类标准，且聚焦于碳减排领域。碳中和债券募投领域包括但不限于：

①清洁能源类项目（包括光伏、风电及水电等项目）；

②清洁交通类项目（包括城市轨道交通、电气化货运铁路和电动公交车辆替换等项目）；

③可持续建筑类项目（包括绿色建筑、超低能耗建筑及既有建筑节能改造等项目）；

④工业低碳改造类项目（碳捕集利用与封存、工业能效提升及电气化改造等项目）；

⑤其他具有碳减排效益的项目。

（2）募投项目评估与遴选

发行人应在发行文件中披露碳中和债券募投项目具体信息，确保募集资金用于低碳减排领域。如注册环节暂无具体募投项目的，发行人可在注册文件中披露存量绿色资产情况、在建绿色项目情况、拟投绿色项目类型和领域，以及对应项目类型环境效益的测算方法等内容，且承诺在发行文件中披露以下项目信息。

①定量测算环境效益。建议发行人聘请第三方专业机构出具评估认证报告。按照“可计算、可核查、可检验”的原则，对绿色项目能源节约量（以标准煤计）、碳减排等预期环境效益进行专业定量测算，提升碳中和债券的公信度。

②披露测算方法及效果。发行人应在募集说明书、评估认证报告（如有）中详细披露绿色项目环境效益的测算方法、参考依据以及能源节约量（以标准煤计）、二氧化碳及其他污染物（如有）减排量等相关情况。在募集说明书重要提示和募集资金运用章节显著标识本次募投项目预期达到的碳减排效果。

（3）募集资金管理

①设立监管账户。发行人应设立资金监管账户（与绿色债券要求一致），由资金监管机构对募集资金的到账、存储和划付实施管理，并严格按照发行文件中所约定的用途使用，确保募集资金专款专用。

②做好闲置资金管理。在不影响募集资金使用计划正常进行的情况下，经公司董事会或内设有权机构批准，可将暂时闲置的募集资金进行现金管理，投资于安全性高、流动性好的产品，如国债、

政策性银行金融债、地方政府债等。

（4）存续期信息披露

碳中和债券存续期间需要在年报、半年报中披露募集资金使用情况、绿色低碳项目进展情况以及募投项目实际或预期产生的碳减排效益等相关内容。虽然监管机构也要求在定期报告等文件中按照规定或约定披露募集资金使用情况、绿色项目进展情况和环境效益等内容，但是从实际披露情况来看，存续期信息披露，特别是环境信息披露并不理想，部分绿色债券在存续期未定量披露环境效益相关内容，部分绿色债券存续期环境效益披露的内容仍然是发行前预期的环境效益，并未根据募投项目实际进展情况调整最初的预期环境效益。对碳中和债券而言，对存续期信息披露的要求预计将更严格，需要发行人做好相关信息披露的工作安排。

（5）发行前变更流程

交易商协会、上交所和深交所首批发行的碳中和债券，都采用发行前变更资金用途，将普通债券（或统一注册模式、储架模式）变更为碳中和债券，如通过发行前变更或备案方式转为碳中和债券的，需向监管机构提交更新后的募集说明书、法律意见书等变更资料或备案文件，以及资金监管协议、评估认证报告（如有）等补充要件，进行发行前变更。

（6）注册标识

①监管机构鼓励企业注册发行碳中和债券，交易商协会为碳中和

债券债的注册评议开辟绿色通道，加强碳中和债券注册服务工作，上交所和深交所所设立碳中和债券申报受理及审核绿色通道，提高碳中和债券上市预审核或挂牌条件确认工作效率。

②通过交易商协会碳中和债券接受注册通知书按照绿色债务融资工具“GN”统一标识，注册发行文件冠以绿色债务融资工具（碳中和债券）等方式对专注于低碳领域的碳中和债券项目给予专项标识；上交所和深交所在债券简称中有明确“GC”统一标识，注册发行文件冠以绿色公司债（专项用于碳中和）、绿色资产支持证券（专项用于碳中和）等专项标识。

（7）第三方评估认证

从目前已发行的碳中和债券来看，交易商协会的碳中和债券务融资工具均披露了由第三方评估认证机构出具的发行前评估认证报告，详细披露了碳减排等环境效益，交易商协会在《关于明确碳中和债券相关机制的通知》中提出“建议发行人聘请第三方专业机构出具评估认证报告。按照‘可计算、可核查、可检验’的原则，对绿色项目能源节约量（以标准煤计）、碳减排等预期环境效益进行专业定量测算，提升碳中和债券的公信度”；上交所和深交所发行的碳中和债券，部分债券披露了发行前第三方评估认证报告，并计算了碳减排等环境效益，部分债券未进行发行前评估认证，在募集说明书中约定“发行人承诺至少在募集资金实际投入使用后最近一次披露定期报告时，同步披露由独立第三方机构出具的项目碳中和评估认证报告”，因此碳中和债券无论是采用发行前评估认证方式，还是募集资金投入使用后评估认证方式，均需第三方评估机构出具碳中和评估认证报告，并计算包括碳减排等在内的环境效益，显著提升了碳中和债券的公信度。

（二）碳中和债券发行现状

1.发行概况

在“碳达峰、碳中和”的目标下，碳中和债券应运而生。自2021年2月9日首批碳中和债券发行至6月30日，全市场共发出87只碳中和债券（见图2），涉及电力、热力、交通运输、金融业、采矿业等行业。

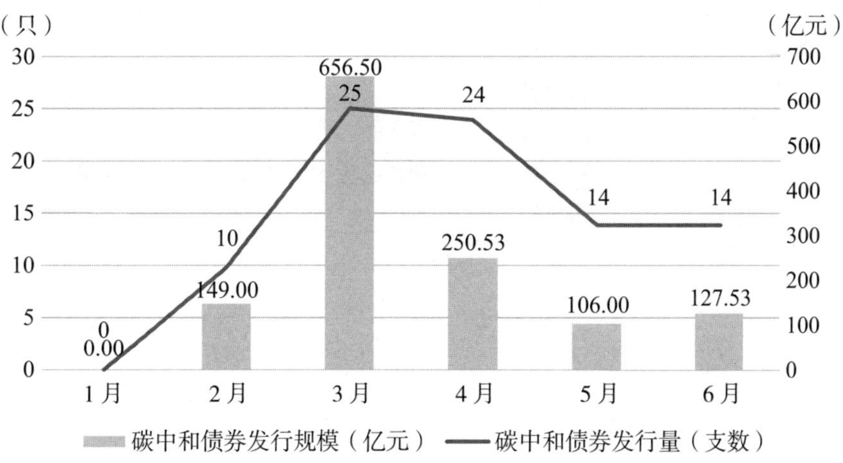

图2　2021年1—6月国内贴标碳中和债券月度发行情况

数据来源：Choice，中诚信碳中和债券数据库。

截至6月30日，国内绿色债券发行规模约2332.04亿元，同比增长114.44%，是2020年全年绿色债券发行规模的103.33%；其中碳中和债券发行规模约为1289.56亿元，占绿色债券发行规模的55.3%，碳中和债券助力绿色债券市场扩容作用明显。

2.发行品种分析

截至2021年6月30日，碳中和债券发行品种主要有公司债、中期票据、金融债券、ABS、ABN、ABCP等，其中碳中和中期票据共计发行42只，位居第一，碳中和公司债发行23只，排名第二，其他产品分别发行2—6只（见图3）；从发行场所来看，银行间市场共计发行56只碳中和债券，发行规模为902.42亿元，具有明显的优势地位。

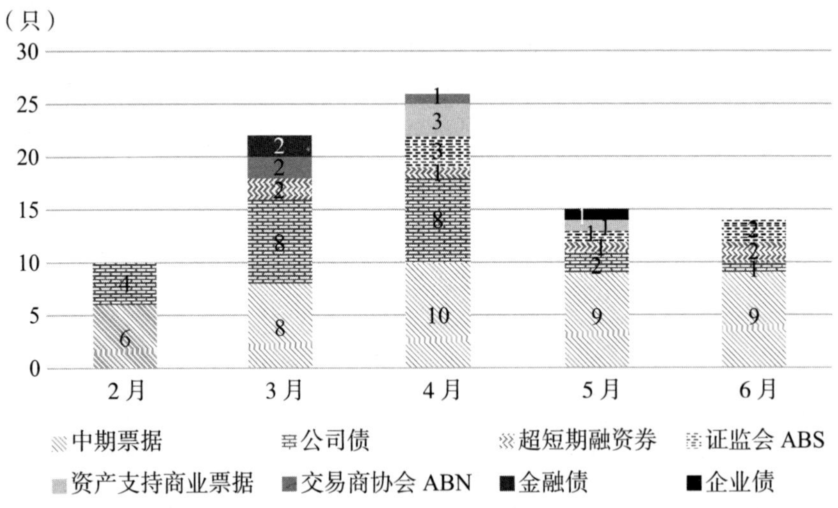

图3　2021年1—6月国内贴标碳中和债券发行只数

数据来源：Choice，中诚信碳中和债券数据库。

3.发行人信用级别和发行期限

目前，参与碳中和债券市场发行主体共计64个，其中以信用级别AAA级为主，占比达到了80%，AA+主体3个，AA级3个，未披露主体信用级别的主要包括资产证券化产品发行主体以及享受国家主权信用评级的国家开发银行（见图4）；从碳中和债券级别来看，与主体信用级别基本一致，以AAA级别为主，无债项级别信息的碳中和债券集中在私募公司债和资产证券化产品，通过研究资产证券化产品底层基础资产权益人和无债项级别信息的发行人主体级别，与统计结果基本一致；碳中和债券发行除极少数公司债及资产证券化产品外，以公募发行为主；从发行期限上来看，以3年期为主，2年期次之。

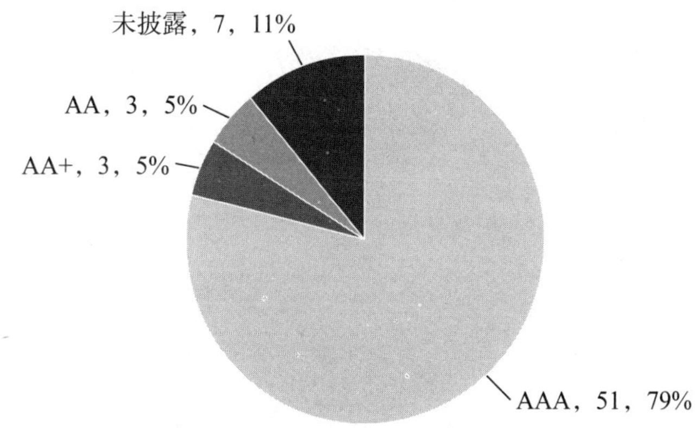

图4　2021年1—6月份碳中和债券发行主体级别分布（根据发行人个数统计）

数据来源：Choice，中诚信碳中和债券数据库。

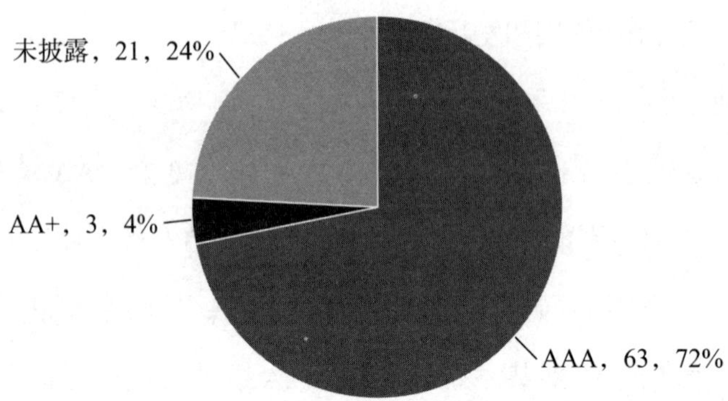

图5　2021年1—6月碳中和债券债项级别 分布（根据债券支数统计）

数据来源：Choice，中诚信碳中和债券数据库。

4.发行人企业性质

碳中和债券的发行人性质以各类国有企业为主，64家发行主体中，国有企业56家，具有明显的优势。

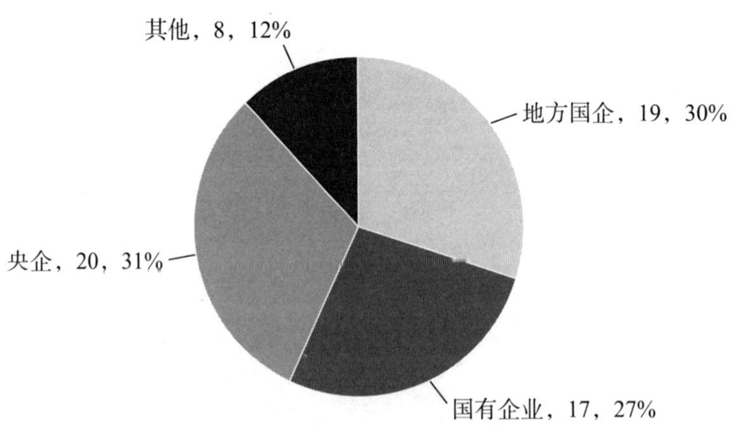

图6　2021年1—6月碳中和债券按企业性质

数据来源：Choice，中诚信碳中和债券数据库。

5.发行人所在区域

碳中和债券发行主体所在区域涉及北京市、天津市、江苏省、广东省等20个省、自治区和直辖市，其中北京市因为央企集中，已有34个发行人发行了碳中和债券，江苏省9个发行主体列居第二，广东省6个发行主体排名第三。

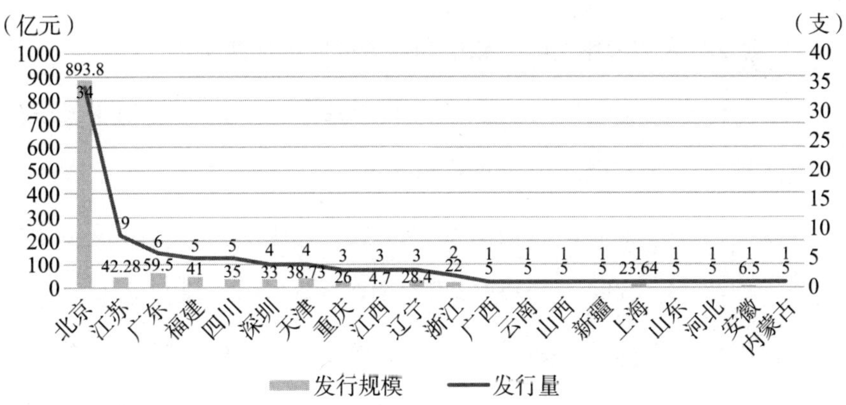

图7　2021年碳中和债券发行人地域分布情况（根据发行人个数统计）

数据来源：Choice，中诚信碳中和债券数据库。

（三）碳中和债券发行的深远意义

1.彰显大国风范，提升国际地位

碳达峰和碳中和的国家自主贡献承诺，彰显大国风范。2021年，国家各部委、各级政府纷纷进行碳达峰和碳中和路径规划和实施措施落实，国内金融机构和行业龙头企业、各类国有企业等也开始履行相关职责。债券市场是全球投资人共同参与的市场，具有极强的风向标引导作用。我国碳中和债券的创新与发行，向全世界发出了明显信号，不仅带动国内创新，也引领了全球资本市场基于可持续发展方面的创新发展。同时，碳中和债券的高标准也促进国际国内绿色金融标准融合，在一定意义上提升了国家在全球气候改善、可持续发展方面的地位。

2.为发行人实现碳达峰、碳中和提供低成本资金支持

碳中和债券能够满足企业绿色低碳融资需求，推动企业关注社会责任及可持续发展。要求披露募投项目环境效益及二氧化碳减排具体数值，提升企业信息披露水平，促进企业加强自身环境与社会风险管理能力，同时，为绿色项目提供资金支持，满足企业绿色低碳融资需求。此外，企业发行碳中和债券，可督促其关注社会责任及可持续发展，推动更多的市场主体参与碳中和债券项目，创新绿色生产生活方式。

3.为投资人提供低风险产品

碳中和债券有利于发挥金融支持绿色发展的功能，以资金配置引导产业结构、能源结构等向绿色低碳转型。据测算，为了实现碳中和目标，将会有超过几百万亿元的低碳投资需求，资金需求巨大；碳中和债券发行引导和撬动更多社会资金进入应对气候变化领域，进一步激发潜力、开拓市场，推动形成减缓和适应气候变化的能源结构、产业结构、生产方式和生活方式。

同时，碳中和债券能够广泛吸引境外社会责任投资人。碳中和债券的设计充分借鉴了国际经验，募集资金专项用于具有碳减排效益的绿色项目，保持与国际标准接轨，有利于吸引境外关注碳减排效益的社会责任投资人，实现以绿色债券市场发展促进金融市场对外开放。

三、碳中和债券典型案例

（一）中国长江三峡集团公司2021年度第一期绿色中期票据（碳中和债券）

1.基本情况

发行人	中国长江三峡集团公司
发行金额	20亿元
发行日期	2021年2月9日
发行期限	3年
发行利率	3.45%
发行品种	中期票据
主体评级	AAA
主承销商	中国建设银行股份有限公司、中国银行股份有限公司
资金用途	金沙江白鹤滩水电站项目建设
评估认证机构	中诚信绿金科技（北京）有限公司

2.募集资金用途

中国长江三峡集团公司2021年度第一期绿色中期票据（碳中和债券）募集资金全部投放于金沙江白鹤滩水电站项目建设，白鹤滩水电站是长江开发治理的控制性工程，工程以发电为主，兼顾防洪，并有拦沙、发展库区航运和改善下游通航条件等综合利用功能；水电站装机容量为16000 MW，多年平均发电量为624.43亿kWh。经中诚信绿金评估，白鹤滩水电站符合气候债券倡议组织（Climate Bonds Initiative，CBI）中气候债券分类方案（Climate Bonds Taxonomy）能源项下的水力发电项目的水电站行业标准（征求意见稿）（Hydropower Criteria Development of Eligibility Criteria）。经测算，白鹤滩水电站能量密度为73.91W/m^2，满足标准中能量密度大于5W/m^2的要求，且环境和社会风险管理水平满足气候债券原则中的相关要求。白鹤滩水电站项目建成运营后，可替代火力发电，年均发电量610.94亿kWh，供电量604.83亿kWh，与同等供电量的火力发电相较而言，每年可协同减少二氧化碳排放量3367.79万吨，替代化石能源量1847.76万吨标准煤，协同减少二氧化硫排放量11794.19吨，协同减少氮氧化物排放量11310.32吨，协同减少烟尘排放量2295.38吨，是目前发行的碳中和债券中碳减排效益最大的项目，具有显著的环境效益。

3.项目特色

（1）发行主体为全国最大的可再生能源发电企业

三峡集团经过多年发展，可控、权益和在建总装机规模超1.3亿千瓦，可再生清洁能源占比超96%，业务遍布国内31个省、自治区和直辖市以及全球40多个国家和地区，可再生能源发电量稳居国内第一，是全球最大的水电开发企业。三峡集团将继续围绕做好“碳达峰、碳中和”工作，坚定不移做强做优做大清洁能源产业，进一步推动经济社会发展全面绿色低碳转型，助力实现“2030年碳达峰、2060年碳中和”目标。

（2）国内非金融企业最大的绿色债券发行主体

三峡集团是目前国内最大的绿色债券非金融发行主体，已累计发行绿色债券（含碳中和债券）24只，总规模共计730亿元，存续期余额为620亿元，三峡集团作为水电行业的龙头企业，未来将持续耕耘水力发电业务，不仅在世界范围内合理有效地开发水力资源，也致力于提升国内已开发水电项目的供电效率，与此同时拓展光伏、风电等清洁能源业务，为全球减缓气候变化提升自主贡献。

（3）募投项目是在建第一大水电站

白鹤滩水电站是目前世界在建第一大水电站，首次全部采用国产百万千瓦级水轮发电机组，电站建成后总装机容量1600万千瓦。

白鹤滩水电站项目十分重视降低对周边环境的影响：工程建设

混凝土罐车冲洗废水处理设施实现了施工冲洗废水零排放；施工区产生的弃渣均得到回收利用，弃渣处理率100%；施工区砂石加工废水处理系统经过改造升级，生产废水先后经过机械预处理、辐流沉淀池和机械脱水处理后，可全部回用到砂石加工中，实现了砂石加工废水零排放。同时，项目注重生态资源保护，研发集运鱼系统用以恢复白鹤滩水电站江段连通性，保证金沙江下游流域珍稀特有鱼类及经济鱼类生存、繁殖和基因交流，以实现鱼类资源保护、生态环境保护及水电开发综合效益最大化。

（二）内蒙古包钢钢联股份有限公司2021年公开发行绿色公司债券（第一期）（专项用于碳中和）

1.基本情况

发行人	内蒙古包钢钢联股份有限公司
发行金额	5亿元
发行日期	2021年4月1日
发行期限	5年
发行利率	6%
发行品种	公司债
主体评级	AAA
主承销商	华福证券有限责任公司
资金用途	余压余气节能减排CCPP发电项目

2.募集资金用途

募集资金主要用于余压余气节能减排CCPP发电项目，符合《关于促进应对气候变化投融资的指导意见》中减缓气候变化下的控制工业、农业、废弃物处理等非能源活动温室气体排放，符合《绿色产业指导目录（2019年）》中“节能环保产业/1.5节能改造/1.5.3余热余压利用”条款，符合《绿色债券支持项目目录（2021年版）》中“一、节能环保产业/1.1能效提升/1.1.2工业节能改造/1.1.2.3余热余压利用”条款。

余压余气节能减排CCPP发电项目是利用淘汰中温中压机组置换出来的煤气及现有放散煤气发电，属于对生产过程中产生的余热资源进行综合利用发电供热项目，冶金工厂炼铁、炼钢、炼焦伴生的煤气是宝贵的二次能源，用来建设更高效率的发电机组，从而使包钢股份煤气资源得到高效利用，可大大提高包钢的自发电率，降低企业成本，在资源利用效率得到大幅提升的同时，也提高了企业的核心竞争力。本项目在投入运营后，每年将节约标准煤约13.19万吨，减排二氧化碳约8.84万吨、二氧化硫约2176吨、氮氧化物约2058吨及粉尘1266吨。

3.项目特色

（1）钢铁行业首单碳中和债券

钢铁行业是我国碳达峰、碳中和目标实现的重点领域和责任主体，中国钢铁行业碳排放量占全国碳排放总量的15%左右，是制造业31个门类中碳排放量最大的行业。从全球角度看，全球钢铁碳排放量占全球能源系统排放量的7%左右。其中中国钢铁碳排放量超过全球钢铁碳排放量的60%。近年来，包钢股份坚定不移走以生态优先、绿色发展为导向的高质量发展新路子。投资近百亿元，淘汰一批落后产能。同时，采用先进技术强化环境治理，主要环保指标居国内一流，成功入围工信部第二批绿色制造体系建设示范名单。荣获世界钢铁协会生命周期评价“卓越奖”第二名，通过“工业产品生态（绿色）设计试点企业验收专家评审会”首批验收评审，并荣获“2018年绿色增长型企业”称号。2020年，包钢股份全面启动超低排放改造重大环保项目，蓝天保卫战取得阶段性成果，在资源利用、环境效益、社会效益、技术创新等方面起到示范引领作用。

（2）高碳行业示范效应明显

包钢股份碳中和债券发行之前，碳中和债券发行主体集中在电力、轨道交通、公用事业等行业，包钢股份成功发行碳中和债券，体现了高碳行业转型升级和能效提升亦是碳中和目标实现的重要环节，体现出高碳行业亦是碳中和债券重点支持领域，此后江西铜业集团有限公司、紫金矿业集团股份有限公司等企业纷纷发行碳中和债券，未来将有更多高碳行业和企业发行碳中和债券。

（三）国家开发银行2021年第一期“碳中和”绿色金融债券

1.基本情况

发行人	国家开发银行
发行金额	200亿元
发行日期	2021年3月18日
发行期限	3年
发行利率	3.07%
发行品种	金融债
主承销商	南京银行股份有限公司、中国工商银行股份有限公司、杭州银行股份有限公司、上海浦东发展银行股份有限公司、中国国际金融股份有限公司、宁波银行股份有限公司、郑州银行股份有限公司、兴业银行股份有限公司、中国建设银行股份有限公司、中信证券股份有限公司、天津银行股份有限公司、上海农村商业银行股份有限公司、东方证券股份有限公司、徽商银行股份有限公司、江苏银行股份有限公司
资金用途	风电和光伏项目
评估认证机构	联合赤道环境评价有限公司

2.募集资金用途

本期债券所募集资金主要用于风电、光伏等具有显著碳减排和碳吸收效果的绿色项目，能有效推动电力系统脱碳，助力实现能源系统跃迁；与普通绿色金融债券相比，资金用途聚焦低碳领域。根据评估、分析碳减排效益和其他环境效益，预计年减排二氧化碳

1899.73万吨，节约734.97万吨标准煤，减排二氧化硫4269.73吨、氮氧化物4677.52吨、烟尘911.52吨。

3.项目特色

（1）全国首单“碳中和”专题绿色金融债券

国家开发银行“碳中和”专题绿色金融债券，是市场上首单碳中和金融债券；发行规模200亿元，也是目前发行规模最大的碳中和债券，充分展现出国家开发银行的社会责任，树立了境内绿色债券对标国际标准的范例，对我国绿色债券投资者群体的培育意义深远，为商业银行服务碳达峰、碳中和工作提供了重要契机。

（2）贯通境内外，跨越银行间市场和商业银行柜台市场

其中，通过上海清算所在银行间债券市场发行192亿元，认购倍数8.19倍，主要投资人包括浦发银行、中金公司、中国银行、南京银行和工商银行等；通过中央结算公司向工商银行、农业银行、中国银行、建设银行、民生银行、浦发银行等14家柜台债券承办机构发行，并由上述商业银行在柜面及电子渠道面向公众零售规模8亿元，积极推广普及社会责任投资意识，引导社会公众共同参与“碳中和”行动。本只债券境外订单量超过100亿元，体现了全球金融机构对我国绿色债券市场和环境、社会和治理（ESG）新投资理念的认可。

（四）国网国际融资租赁有限公司2021年度第一期绿色定向资产支持商业票据（碳中和债券）

1.基本情况

发行人	国网国际融资租赁有限公司
发行金额	17.5亿元
发行日期	2021年2月9日
发行期限	6个月
发行利率	2.99%
发行品种	绿色定向资产支持商业票据
债项评级	优先级AAAsf
主承销商	上海银行
资金用途	可再生能源类租赁项目，包括3个水力发电项目、2个风力发电项目和1个光伏发电项目
评估认证机构	中诚信绿金科技（北京）有限公司

2.募集资金用途

募集资金投向可再生能源类租赁项目，包括3个水力发电项目、2个风力发电项目和1个光伏发电项目，具体租赁物涵盖专门用于电站的发电机组、发电设备及配套设施及相关发电项目附属构筑物。募投项目符合《关于促进应对气候变化投融资的指导意见》中减缓气候变化下的优化能源结构，大力发展非化石能源条款；符合国际资本市场协会（International Capital Market Association，ICMA）绿色债券原则2018（Green Bond Principles）中“可再生能源”类别；符合气候债券倡议组织（ Climate Bond Initiative，CBI）中能源项下的水力发电项目、风力发电项目的陆上风电站行业标准（Wind Sector Eligibility Criteria of the Climate Bonds Standard）及光伏发电项目（Sector Criteria for Solar，version 2.1）标准；符合《绿色债券支持项目目录（2021年版）》中“三、清洁能源产业/3.2清洁能源/3.2.2可再生能源设施建设与运营”条款。对应的项目年供电量3752153MW·h，与同等供电量的火力发电相较而言，每年可协同减少二氧化碳排放量236.27万吨，替代化石能源量114.63万吨标准煤，协同减少二氧化硫排放量1.75万吨，协同减少氮氧化物排放量0.97万吨。

3.项目特色

作为全市场首单绿色“碳中和”资产证券化产品，对资产证券化和低碳产业结合提供了借鉴。资产证券化和低碳产业未来结合与发展有两大驱动力，一是产业驱动和产业升级，二是交易创新。当前国内资产证券化产品流动性不强，交易模式相对比较简单，未来要往产业端进行结合，证券化很多是创设资产，可以设立低碳产业基金形成符合资产证券化要求的债权资产、不动产资产，通过证券化实现退出。另外，需要让更多机构参与到碳中和资产证券化产品的投资交易过程中以提高其流动性，主要措施包括推出做市商机制、允许开展标准券质押式回购、提高信息披露的标准化程度等。

四、展望和建议

需要进一步通过政策引导资金投向绿色、低碳等领域，刺激绿债市场和碳中和债券扩容。尽管我国在多方面积极倡导绿色低碳发展，但在政策方面仍未能形成政府引导、市场主导的格局。主要原因在于，发行绿色债券（或碳中和债券）缺乏全国性的激励政策与措施，只有少数省、市（如江苏省）和绿色金融改革创新试验区出台了对绿色债券发行主体的激励机制。大部分企业发行绿色债券（或碳中和债券），仍主要以完成相关的考核任务或提升品牌声誉为目的，实际发行中还要有多种监管要求；目前绿色债券（或碳中和债券）有少量成本优势，但并不明显。

因此建议从国家层面鼓励区域政府在碳达峰和碳中和目标下，对碳中和债券发行主体加大支持力度，如明确的财税、补贴等政策，同时在审批环节加大绿色通道。对新上市的企业，如果主营业务符合绿色企业标准碳中和标准也应该给予一定的优惠或快速审批通道。

立足信托制度优势拓展碳信托新机遇

袁田 白晗

袁田，中航信托首席研究员、中国信托业协会特约研究员；白晗，中航信托研发与产品创新部研究员

2020年9月，国家主席习近平在第75届联合国大会一般性辩论会上庄严宣布，中国将于2030年实现碳达峰、2060年实现碳中和（以下简称"30·60目标"）。这将大大加速我国碳减排进程，促进产业体系和生产生活方式向绿色转型。碳中和目标达成是一项系统工程，涵盖能源、经济、社会、气候、环境等众多领域，以及绿色产业多个细分场景，需要大量的建设和运营资金，要以市场化的方式引导金融机构提供所需要的投融资支持。[①②]对金融机构而言，"30·60目标"影响深远，为深入开展绿色金融，支持绿色低碳发展，加快助力构建新发展格局指明了新导向，也对绿色金融工作提出了新的更高要求。

为落实"30·60目标"，支持后疫情时代绿色复苏和低碳转型，金融体系需要在支持绿色转型、管理相关气候风险等方面发挥积极作用，支持经济绿色、低碳、高质量发展，助力实现碳达峰、碳中和目标。信托作为金融行业的重要组成部分，也需要发展绿色金融。开展绿色信托既符合国家可持续发展战略，也是信托行业开拓新盈利增长点的重要战略布局，对于促进产业转型升级、推动经济可持续发展、加快推进社会进步都具有

① 中国银保监会政策研究局课题组，洪卫.绿色金融理论与实践研究［J/OL］.金融监管研究：1-14［2021-05-09］.

② 安国俊.碳中和目标下的绿色金融创新路径探讨［J］.南方金融，2021（2）：3-12.

重要意义。[①]

一、绿色信托的内涵与运用

（一）绿色金融与绿色信托

2016年8月31日，中国人民银行、财政部等七部委联合发布《关于构建绿色金融体系的指导意见》，指导意见定义了绿色金融以及绿色金融体系，指出了构建绿色金融体系的重要意义，并提出在大力发展绿色信贷、推动证券市场支持绿色投资、设立绿色发展基金、发展绿色保险、完善环境权益交易市场、支持地方发展绿色金融、推动开展绿色金融国际合作等方面建立多层次的绿色金融市场体系，由此构建了较为完整的绿色金融政策体系。

金融作为现代经济的核心，在推动绿色发展过程中作用重大。[②]近年来，随着绿色发展理念逐步成为重要的社会共识，中国绿色金融发展开始全面提速，截至2020年底，我国已经设置了9个绿色金融改革创新试验区，今后还将进一步扩大范围；我国本外币绿色贷款余额约为12万亿元，存量规模居世界第一；绿色债券存量约8000

---

① 姚江涛.碳中和目标下信托行业的绿色可持续发展［J］.当代金融家，2021（4）：90-92.

② 陈雨露.当前全球中央银行研究的若干重点问题［J］.金融研究，2020（2）：1-14.

亿元，居世界第二；同时，国家绿色发展基金首募885亿元，按1∶5的比例有望撬动约4000亿元社会资本投向生态环保领域，这些都将为绿色金融提供活水。

作为绿色金融体系的重要组成部分，绿色信托是指信托公司为支持环境改善、应对气候变化和资源节约高效利用等活动，通过绿色信托贷款、绿色股权投资、绿色资产证券化、绿色产业基金、绿色（慈善）信托等方式提供的信托产品及受托服务。[①]

经过不断的研究与实践，绿色信托业务模式日益丰富，创新推出了多种绿色信托产品，主要包括绿色信贷、绿色股权投资、绿色资产证券化、绿色供应链、绿色产业基金、绿色权益市场交易、绿色（公益）慈善信托等，为绿色环保产业提供综合的金融整合服务。[②]近年来，绿色信托快速发展，资产规模从2013年末的468.83亿元快速增长至2020年末的3592亿元，存续绿色信托项目888个（见图1），其中，2020年新增绿色信托项目360个，新增规模近1200亿元。这充分说明绿色信托立足信托本源的制度安排价值和金融功能价值，已然成为我国绿色金融体系中的重要

① 中国人民银行研究局，中国融学会绿色金融专业委员会.绿色金融术语手册（2019）.

② 姚江涛.碳中和目标下信托行业的绿色可持续发展［J］.当代金融家，2021（04）：90-92.

组成部分。[①]

图1　绿色信托规模

（二）绿色信托的制度优势

信托作为一种具有跨市场优势的灵活金融工具，在绿色金融领域大有可为。在资产端，通过多元金融工具的运用，信托公司可以根据企业的需求创设丰富的绿色信托产品，为绿色企业发展打造全方位的综合性金融整合服务；在财富端，信托公司可以积极引导客户，从单纯的投资金融收益延伸至社会及国民关注的绿色环保投资以及重点民生建设工程，在获得物质财富的同时收获精神财富，使

① 邢成，矫德峰．“开局之年”看我国信托业未来发展环境［J］．当代金融家，2021（4）：93-95.

资产端和资金端客户能够有效对接，资源整合，实现共赢、共享、互联。[①②]

（三）绿色信托的整合服务

信托资金具有跨市场配置、多元化运用的特点，能根据企业不同融资需求进行贴身化的产品定制，为各类企业提供资金支持。国内关于绿色信托的实践多以绿色信托贷款、股权附回购、应收账款附回购等以融资为目的的融资模式为主，随着各信托公司的不断探索，各类创新模式也在不断涌现，如绿色资产证券化、产业基金等模式都发展迅速，为各类绿色产业企业提供多元化的融资服务。

1.绿色信贷

绿色信托贷款是信托行业服务绿色产业较为普遍的业务模式，交易结构简单，能有效发挥信托融资高效的优势，对不能在银行机构获得贷款额度的绿色企业能形成较好的补充。早在2012年，为了促进各类金融机构大力发展绿色信贷，银保监会就印发了《绿色信贷指引》，指导银行业金融机构规范开展绿色信贷业务。信托公司的绿色信贷业务主要是与绿色产业相关企业合作，募集资金为其发

---

① 赵磊.信托受托人的角色定位及其制度实现［J］.中国法学，2013（4）：74–86.

② 施天涛，周勤.商事信托：制度特性、功能实现与立法调整［J］.清华法学，2008（2）：114–129.

放贷款，资金主要用于降低能源消耗、固废处理、环境治理等项目，近年来，信托贷款为支持绿色项目的发展取得了较好成效。

由于绿色企业普遍资质较低，且可供抵押资产少、项目盈利弱，很难满足银行贷款条件。相比较而言，信托绿色贷款优势在于流程便捷高效，能较好地满足绿色企业相关项目对资金需求的时效性。同时，由于绿色项目的高风险，加之信托产品的发行成本等因素，也使得信托贷款成本要高于银行贷款。

典型案例：（1）2019年，华润信托联合中广核对合肥永聚20兆瓦渔光互补电站并网发电项目提供融资5538万元，该项目不仅能够满足电站建设所属区域用电增长的需求，且多余电量可并入当地电网。项目年均节省标煤6889.16吨，减少排放二氧化碳约28934.47吨、二氧化硫约268.68吨、氮氧化物约78.54吨，并能减少粉尘和烟尘的排放，在实现经济效益的同时兼顾社会效益与环境效益。（2）长安信托于2017年设立“长安宁—西昌国资贷款集合资金信托计划”，募集资金5亿元，用于西昌邛海湿地五期恢复工程建设。“邛海生态保护与湿地恢复”工程规划总面积2万亩，湿地全部建成后，邛海湿地面积将恢复至34平方公里，成为全国最大的城市湿地。

2.绿色项目投贷联动

投贷联动主要是对中小企业，在风险投资机构评估、股权投资的基础上，信托公司以“股权+债权”的模式对企业进行投资，形成股权投资和银行信贷之间的联动融资模式。

相较于以银行为代表的传统金融机构，信托公司的制度设置更加灵活，产品和服务具有较高的弹性，资金来源渠道也更为丰富，因此，信托公司开展投贷联动业务能够实现融资组合方式更为多样，模式设计也更灵活。同时，信托公司涉及的业务类型范围较为广泛，在从事融资类业务、投资类业务方面拥有丰富的经验和成功的案例，在传统信托贷款业务基础上开展投贷联动业务具有天然优势。

典型案例：2016年，中航信托与地源热泵清洁能源领域的行业领先者挪宝能源控股集团合作，成立“中航信托·挪宝北戴河新能源集合资金绿色信托计划”，采用投贷联动方式，总规模4.52亿元，其中4.5亿元资金向挪宝能源位于秦皇岛北戴河的项目发放绿色信托贷款，开展清洁能源集中供暖改造工程，将原有的40个燃煤锅炉供热站升级改造为地源热泵能源站，通过清洁能源改造为北戴河城区400万平方米面积提供供暖服务。在此基础上，另一部分资金用于受让挪宝北戴河项目公司10%的股权，中航信托作为股东通过优化公司治理，有效监管信托资金用途，并积极参与项目运营管理，发挥信托公司的主动管理能力。该项目符合《绿色产业指导目录》中3.2.10热泵建设和运营产业的定义，将绿色能源应用在民生工程，产生较好的经济效益、环境效益和社会效益，项目为投贷联动型，发挥了信托提供金融整合服务的优势，值得借鉴。

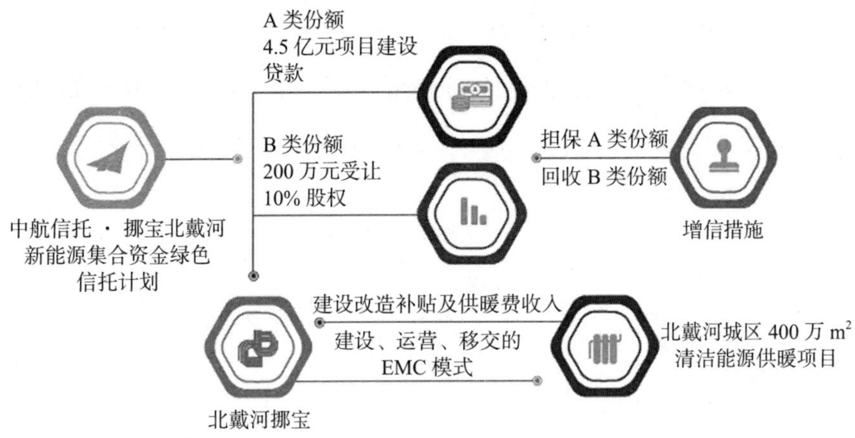

图2　中航信托·挪宝北戴河新能源集合资金绿色信托计划交易结构图

3.绿色股权投资

信托融资模式的特点在于资金运用的灵活多样化，相较于传统的信托贷款，以投资为目的的股权、应收账款、特定资产受益权投资模式能更有效地利用绿色企业的各项资产，提升信托风控措施的有效性，成为绿色信托的主要业务模式。该模式能充分结合各企业的融资需求和信托公司的风控条件，灵活设计产品，促进绿色信托快速发展。如股权附回购信托，能较好地发挥股权的风控效果，提高信托公司在项目推进过程中的话语权，把控绿色项目后续风险，在监督管理成效方面，优于信托贷款。

典型案例：2017年，重庆信托成立了“重庆信托·国寿青海黄河债转股集合资金信托计划”，共募集资金80亿元，信托资金用于认购“电投黄河（嘉兴）能源投资合伙企业（有限合伙）”（以下简称“黄

河基金”）80亿元的A级有限合伙份额。黄河基金对青海黄河上游水电开发有限责任公司进行增资，青海黄河以黄河基金的100亿元增资款用于归还存量银行贷款，实现“债转股”降低资产负债率的目的。

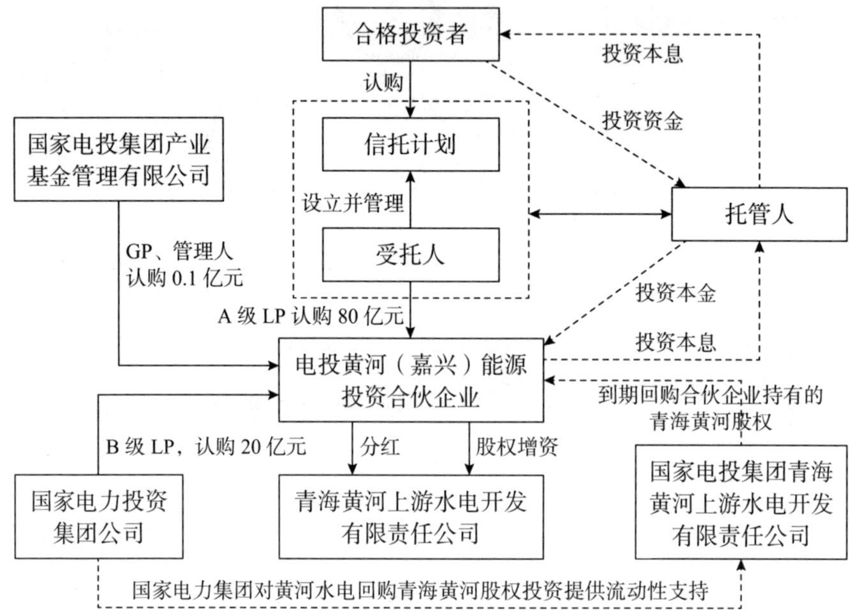

图3　重庆信托·国寿青海黄河债转股集合资金信托计划交易结构图

4.绿色资产证券化

绿色资产证券化根据证券化的资产类别，可以分为绿色信贷资产证券化、绿色企业资产证券化、绿色金融资产证券化。信托公司根据绿色资产的类别以及企业的融资需求等条件，可以灵活选择资产证券化类别。绿色资产证券化能有效利用信托资产隔离的天然优势，帮助绿色企业盘活资产，也符合国家供给侧改革下业务支持方向，同时，也能解决绿色项目期限与资金较难匹配的问题。截至2021年第一季度末，全国绿色贷款余额超过13万亿元，这为绿色资产证券化业务的开展提供了广阔的市场空间。

对于绿色信贷资产证券化产品，信托公司主要充当资产隔离的“SPV”①角色。随着信托公司在该领域的探索进一步加深，将在资产证券化业务中发挥越来越重要的作用，积极参与主动管理甚至主导产品发行，如利用自身在房地产领域积累的投融资经验，以商业房地产抵押贷款支持证券的模式盘活绿色企业资产，为绿色信托发展打开了新的思路。

5. 绿色生态慈善信托

绿色信托实践除了商业模式创新外，将绿色与慈善相结合的绿色慈善信托是开展绿色信托的社会创新方式。

典型案例：2017年，中航信托联合中华环境保护基金会作为共同受托人，设立了实现绿色与慈善跨界融合的“中航信托·绿色生态慈善信托”。中华环境保护基金会在生态环境部指导下发挥绿色生态保护领域的专长，确保项目的有效执行和良性发展，在全国范围内形成示范效应，履行绿色生态保护与慈善事业的创新融合的社会责任。中航信托发挥资金管理优势和资源整合服务优势，建立基于多方共识的绿色持续发展生态圈，在绿色生态和慈善救助方面积极

① SPV（Special Purpose Vehicle），指特殊目的的载体也称为特殊目的机构/公司，通常指仅为特定、专向目的而设立的法律实体。

履行企业社会责任，创新开拓绿色信托的多元方式。

二、碳中和目标下的碳信托产品创新

（一）碳金融创新与发展

碳金融主要是指由《京都议定书》兴起的低碳经济投融资活动，即服务于限制温室气体排放等技术和项目的直接投融资、碳权交易和银行贷款等金融活动。

碳金融作为绿色金融的一个分支，得益于碳排放权交易市场多年的建设，已经在国内取得了较大发展，是发展绿色金融的重要抓手之一。自2011年起，国内先后在北京、天津、上海、湖北、重庆、广东、深圳、福建8个省、市启动了地方碳交易试点工作，逐渐形成了各具特色的区域碳排放权交易市场。截至2020年8月，试点省、市碳市场共覆盖钢铁、电力、水泥等20多个行业，近3000家企业，累计成交量超过4亿吨，累计成交额超过90亿元，有效推动了试点省、市应对气候变化和控制温室气体排放工作。

根据清华大学气候变化与可持续发展研究院2020年发布的《中国长期低碳发展战略与转型路径研究》报告，2050年在保障建成社会主义现代化强国和美丽中国目标实现的同时要实现CO_2净零排放的目标，需累计新增投资约138万亿元人民币。这需要以市场化的方式，引导金融机构提供所需要的投融资支持，既为碳金融未来的发展提供了机遇，也对碳金融发展提出了更高要求。

全国碳市场建设是利用市场机制控制和减少温室气体排放、推动绿色低碳发展的一项重大制度创新，对于碳金融发展意义重大。2021年1月，生态环境部正式发布《碳排放权交易管理办法（试行）》，全国性碳排放权交易市场将于2021年6月底启动运营，随着相关控排企业和金融机构参与日益广泛，可供交易的碳金融工具衍生品种将日益丰富，需要金融机构不断探索创新期权、期货、远期交易、互换等碳金融交易工具，以及碳债券、碳基金、碳信托、碳资产证券化、碳保险等融资工具，丰富碳市场的金融服务供给，促进我国碳金融市场的健康发展，充分发挥全国碳市场作为碳定价机制推动减排的作用。

对于金融机构来说，碳交易市场是规模达千亿的蓝海市场，为参与助力碳中和提供了更多选择。金融机构陆续开发出基于碳排放权的金融产品，包括碳基金、碳债券、碳排放权抵质押贷款等，推动了我国碳金融的持续发展。但由于我国碳金融的发展仍处于初期阶段，因此有必要进一步创新碳金融工具，不断发展出更适合我国碳市场的金融产品。

（二）碳信托模式创新

截至2020年末，我国信托行业受托管理资产规模已经超过20万亿元，始终是服务实体经济发展的重要力量。在我国加速实现碳中和的背景下，信托行业应当进一步向低碳减排产业倾斜，积极创新探索碳信托产品与服务，促进低碳经济的发展。

碳信托作为绿色信托的重要组成部分，主要指信托公司通过开展碳金融相关的信托业务，服务于限制温室气体排放等技术和项目的直接投融资、碳权交易等金融服务。

信托作为一种财产管理制度，在开展碳信托业务时具有以下优势：第一，信托财产的独立性和信托财产管理的连续性，它为信托财产和受益人利益提供了超强的法律保障，增添了信托公司的核心竞争力。第二，信托公司具有较强的金融整合服务能力，具有提供跨行业、跨市场、全方位、多元化金融服务的优势。法律赋予信托公司的经营方式使其既彰显了投资银行的特色，又兼有商业银行、证券公司、租赁公司、财务公司等其他金融机构的部分特色，可在碳金融体系构建中担当“自由人”，拾遗补阙。第三，信托公司具有专业理财的品牌优势和金融杠杆优势，能够引导社会资金参与低碳经济建设所需的各种投融资活动。

信托公司开展碳信托业务既是助力国家实现碳中和目标的有效方式，又是对自身转型发展的积极有效探索。未来，随着碳市场的逐步发展与成熟，覆盖范围与交易品种也将逐步扩大，碳期货等碳金融衍生品或将迎来快速发展，信托公司不断探索开发基于碳交易的碳信托产品，在绿色金融和碳交易的蓝海市场确立先发优势，有望进一步扩大业务发展空间。同时，信托公司在碳金融领域的深度介入将会极大改善我国在国际碳交易市场中的地位，从根本上使我国摆脱“卖碳翁”的角色，进而促进我国碳金融市场的快速健康发展，同时，也有助于我国经济增长方式的转变以及信托业的转型。

（三）碳信托业务实践

碳信托的商业模式创新需要依托政策导向与市场需求的双重力量，寻找行业深化转型的新机遇。结合绿色产业的发展阶段和细分领域，信托公司可以聚焦绿色产业链供应链，提供陪伴式的信托服务；加大资本市场ESG主题类型的资产组合配置，为投资者创造长期价值；深耕碳资产交易市场，创新开展碳信托服务；结合慈善信托等公益活动履行社会责任。

1.聚焦绿色产业链供应链，提供陪伴式金融整合服务

党的十九届五中全会明确提出，要提升产业链供应链现代化水平，增强产业链供应链自主可控能力。在碳中和背景下，各生产行业节能减排已是大势所趋，全产业链以及产品全生命周期的碳减排至关重要。绿色供应链管理是实现绿色制造和企业可持续发展的重要手段，其核心理念在于串联供应链上的各个环节，同时把环境保护的相关内容进行有机统一，以达到对环境破坏最小和资源利用效率最高的目的，有利于促进国内国际双循环的新发展格局。

基于这一理念，一些行业下的国际公司已经开始行动。例如，沃

尔沃表示将在2040年全面实现碳中和，并联合全球17家供应商，呼吁汽车行业建立具有碳中和责任的供应链。美国苹果公司计划到2030年，在整个业务、生产供应链及产品生命周期实现碳中和。随着更多行业对碳中和的重视，尽早脱碳化是供应商的明智选择。

为绿色产业链供应链提供陪伴式、全周期的信托金融和受托服务是信托公司丰富金融供给、满足金融需求的市场新机遇。围绕清洁能源和可再生能源、交通清洁化、二氧化碳捕集及利用等与碳中和债券及环保领域密切相关的绿色产业链，信托公司可以创新设计针对绿色产业细分领域的另类投资信托计划，聚焦绿色产业链供应链，提供陪伴式的信托服务。针对绿色供应链的细分场景，深挖产业链上下游的潜在价值，通过投贷联动与产业基金深度结合，将股权投资的价值创造理念运用于供应链的信贷投放，构建与基金化相连接的业务模式与体系，搭建跨地域、跨行业、跨平台、跨资金来源的综合性服务平台，辅之以资产证券化工具等多样化退出渠道，为供应链企业量身打造综合化的金融整合服务。

典型案例：中航信托于2020年发行苹果绿色供应链集合资金信托计划，信托计划资金用于认购中美绿色新航节能服务合伙企业的LP份额，规模不超过6000万元，期限36个月。该合伙企业作为今后各方投资经营绿色供应链项目的唯一企业载体，也是合同能源管理方，与供应链企业签署节能改造、合同能源管理等系列协议并收取节能费用，由中美绿色海通负责日常经营，中航信托监管账户。

2. 聚焦环境、社会和治理主题，设计开发资产组合配置产品

随着生态文明与绿色金融发展不断深入，在努力实现碳中和的中国承诺背景下，环境、社会和治理（ESG）理念逐渐得到了监管部门、金融机构和社会公众的广泛共识，尤其是疫情期间，ESG投资组合的表现更具弹性和抗压性，也越发受到机构投资者的青睐。[①]2020年，国内泛ESG指数数量增至52只，泛ESG公募基金数量则增至127只，资产规模为1209.72亿元，达到历史最高水平。参照美国、日本等发达经济体ESG投资规模占据股票市场的比例均接近40%，结合我国股票市场的市值规模，可见ESG投资蕴藏着巨大的发展潜力。

由此，发展以ESG为投资策略的标品信托业务可以成为信托公司深化转型、满足投资者需求、活跃资本市场的重要方式。信托公司作为机构投资者可以引导家族信托等长期资金入市，设计专项配置ESG投资组合产品的标品信托；也可以发挥在另类投资领域的专业化能力，将ESG理念与一般投资框架有机整合，系统研究ESG策略下的大类资产配置，积极创新ESG主题的另类投资和资管产品与服务，形成具有市场竞争力的ESG投资组合策略，发行ESG主题投资的信托资管产品，覆盖固收、权益、定增、可转债等多种金融产品，从资金和资产两端发力，丰富ESG标品信托的供给，促使ESG投资组合为投资者创造更高长期收益，实现资管行业转型升级。

---

① 袁田，郭思彤. ESG定义企业新价值［N］. 中国银行保险报，2020-11-19（006）.

典型案例：中航信托在2020年推出了国内首个运用ESG投资策略的信托计划，在ESG评估逻辑方面采用ESG三大方面、十二个维度、逾三十个指标，设置ESG主题打分卡，综合得出主体的ESG评分，并以此设置投资门槛，择优投资。截至2021年4月底，该信托计划的规模已经突破2亿元。

3. 聚焦服务信托本源，开展碳信托账户管理

全国统一的碳排放权交易市场建设是落实减碳长效机制的重要体现。我国碳市场试点经过几年的成功探索，已经为建立全国统一碳交易市场奠定了坚实的基础，碳金融在产品创新和机制创新方面也有相应的新发展，孕育着巨大发展潜力。

相较于绿色信托，碳信托服务更加聚焦碳中和，主要投向与碳资产相关的碳减排细分领域，为低碳企业提供多元金融综合服务，提高低碳企业竞争力，推动低碳企业的可持续发展。

信托公司在开展碳信托业务时可以考虑从三个方向探索。一是提供碳信托账户服务，充分发挥信托制度的资产隔离和账户管理优势开展业务创新和服务创新，助力碳资产的合理定价、资产质押、便利交易与流转，引入社会资本增强碳资产交易的活跃度和多方主体的参与度，丰富碳市场的金融服务供给，促进我国碳金融市场的健康发展。二是引导社会资金参与碳资产交易，可以通过发起信托计划募集社会资金，广泛参与碳交易市场的各个环节，不断开发新的金融产品和服务。三是为控排企业提供多元金融服务，通过股权投

资、信贷支持、与政府合作成立PPP环保产业基金等方式，为清洁发展机制（CDM）项目提供资金支持。

典型案例：中航信托于2021年设立了全国首单“碳中和”主题绿色信托计划，初始规模为3000万元，通过主动管理的基金化运作方式，整合各方资源优势，募集资金投资于共同精选并认可的专业投资主体，投资标的覆盖全国范围内可交易的优质碳资产，旨在引导更多的社会资金参与碳中和行动，践行绿色发展，为实体经济健康可持续发展增砖添瓦。

4.创新绿色慈善信托，促进社会与商业价值相统一

ESG发展指标的重要方向之一是对企业社会责任履行的持续评价，企业通过积极参与慈善公益活动，为社会民生创造福祉，履行社会公民的应尽责任。信托公司可以灵活运用信托制度优势，将绿色信托与慈善信托有机结合，整合引导社会资金应用于乡村振兴战略等关乎社会民生的重要领域，助力美丽中国建设，实现环保价值、社会价值和商业价值的多重目的有机统一。

三、碳中和目标下的信托公司转型发展

（一）完善绿色信托发展战略体系

2020年底召开的中央经济工作会议首次将“做好碳达峰、碳中

和工作”（“30·60目标”）作为重点任务，央行2021年初召开的工作会议明确指出，要做好政策设计和规划，引导金融资源向绿色发展领域倾斜，增强金融体系管理气候变化相关风险的能力，逐步健全绿色金融标准体系，完善绿色金融产品和市场体系，持续推进绿色金融国际合作。

信托公司落实“30·60目标”，一方面需要落实自身的碳减排任务。根据中英金融机构气候与环境信息披露试点工作组近期发布的《中国金融机构实现碳中和的路径和方法》，经过测算，中国金融部门的碳排放总量不足全国总量的0.3%，实现碳中和的成本比较低，通过降低自身的碳排放、使用可再生能源及主动开展CCER自愿减排购买碳汇的三步走战略，完全有能力在2030年提前实现碳中和。另一方面，应当切实推动实业向绿色低碳转型，通过开发设计绿色信托金融产品及受托服务积极影响交易对手和信托投资人，对高碳排放的项目适当提高融资利率或其他门槛，并加大对绿色低碳项目和降碳项目的投融资支持和优惠，倒逼企业或项目朝绿色低碳发展，共同建构绿色信托生态圈。

为此，信托公司需要建立ESG发展理念，即环境、社会和公司治理三大维度，形成落实碳中和目标的可操作、可量化、可评价指标体系，自上而下地融入公司发展战略和公司治理结构，指引绿色信托业务，落实信托投资者教育，贯彻责任投资的理念，履行企业社会责任，并向监管机构和社会公众主动、定期进行规范的ESG信息披露，向发展成为环境友好型的绿色信托公司深化转型，助力生态文明建设。

（二）提升绿色信托项目风控水平

2020年5月，央行研究局课题组发布的《气候相关金融风险——基于央行职能的分析》工作论文指出，气候相关风险因其影响长期性、广泛性、迅速传染性和危害严重性，可能演变为未来全球最大的系统性风险，论文提出了早识别、早应对的相关建议，着重强调了构建统一的绿色金融标准的重要意义以及金融机构应强化气候信息披露、开展有针对性的压力测试，契合宏观审慎管理的要求。

绿色金融政策的最新导向对信托公司产生三方面的重要启示。一是要加快将绿色信托纳入绿色金融的统一标准体系，通过协同一致的标准和要求促进绿色信托规范发展，2019年信托业协会制定并发布的《绿色信托指引》已经形成了良好基础，应按照绿色金融统一标准的制定要求，继续推进绿色信托标准制定。二是要主动探索将气候环境风险管理纳入金融风险管理体系，完善对交易对手气候风险的识别和评估，以及项目存续期的持续动态管理，提升相关信托业务的风控标准和管理水平。三是要积极鼓励信托公司主动开展环境信息披露。信息不对称一直是绿色金融发展过程中的重要障碍之一，实现碳中和目标要求金融机构更加关注气候变化所带来的物理、转型和责任风险，做好环境信息披露是信托公司认识和关注相关风险的第一步，对其自身可持续发展具有重要意义。通过科学、及时、有效地向社会公众开展信息披露，一方面可以培育和积淀企业诚信经营、担当有责的品牌价值；另一方面也可以向公众倡导绿色低碳生产生活观念，树立可持续发展的价值投资理念，做好投资者引导与教育。

（三）深化落实绿色信托业务标准

随着我国绿色信托需求和市场规模的快速增长，建立绿色信托相关标准的重要性日益凸显，绿色信托体系标准建设工作正在积极开展，信托业已经出台了《绿色信托指引》，并在行业内形成了广泛共识。

《绿色信托指引》共七章二十六条，包括总则、目标和原则、组织管理、业务实施、内控管理与信息披露、监督和激励措施及附则。《指引》对绿色信托做出了明确界定，不仅有机融入了绿色金融体系，而且针对绿色产业细分领域做出有针对性的信托服务安排，旨在加深信托行业对绿色信托的基础概念、绿色产业界定及绿色信托服务模式的认知，厘清绿色信托服务内涵，促进行业形成共识，指导绿色信托业务开展，为绿色信托标准制定奠定基础，促进行业转型和深化发展。

信托公司应当不断加强绿色信托、碳信托的理论及业务模式研究，积极参与绿色信托相关标准的研究制定及落实，将信托制度优势与绿色项目、碳资产交易等相结合，通过研究引领金融综合服务创新，助力实现碳中和。

（四）积极开放国际低碳交流合作

无论是碳中和目标的落实，还是ESG发展理念的实践，绿色低碳发展的理念和认知已经成为具有全球影响力的国际议题，需要国内国际形成共识，一致行动。契合国内国际双循环的新发展格局，我国快速发展的绿色金融政策及实践在国际交流合作中正在发挥越来越重要的作用，在G20峰会、中欧、中英等多边和双边平台广泛彰显和体现了互利共赢、共同发展的中国主张。

以此为契机，信托公司也应积极融入绿色金融国际交流与合作，结合信托制度的开放性和包容性特征，主动做好绿色信托理念与实践的宣传与推广，促进提升绿色信托、碳信托服务品牌的价值和影响力。

综上所述，在“30·60目标”的指导约束下，沿着“自上而下”的顶层设计与“自下而上”的市场驱动，我国绿色金融发展将迎来新的发展机遇。碳信托作为绿色信托的创新业务模式，是信托公司致力于推动实现能源转型、促进低碳产业发展的重要方式，也是促进信托行业深化转型，提高服务实体经济质效的重要途径。信托公司应当充分利用信托制度优势，在碳金融和碳信托领域持续创新，积极探索，丰富碳金融产品与服务供给，有效助力落实国家碳达峰和碳中和目标，促进我国生态文明建设和新发展格局下的经济社会高质量发展。